中国顶级交易员访谈丛书

来自成功交易者的宝贵经验

交易员 的 自我修养 ❸

陈侃迪 著

图书在版编目（CIP）数据

交易员的自我修养：中国顶级交易员访谈实录．陈侃迪／陈侃迪著．
北京：企业管理出版社，2021.7
（中国顶级交易员访谈丛书）
ISBN 978-7-5164-2412-4

Ⅰ.①交… Ⅱ.①陈… Ⅲ.①金融投资—经验 Ⅳ.① F830.59
中国版本图书馆 CIP 数据核字（2021）第 114979 号

书　　　名	交易员的自我修养：中国顶级交易员访谈实录
作　　　者	陈侃迪
责任编辑	李　坚　张　楠
书　　　号	ISBN 978-7-5164-2412-4
出版发行	企业管理出版社
地　　　址	北京市海淀区紫竹院南路17号　　邮编：100048
网　　　址	http：//www.emph.cn
电　　　话	编辑部（010）68414643　发行部（010）68701816
电子信箱	qiguan1961@163.com
印　　　刷	三河市东方印刷有限公司
经　　　销	新华书店
规　　　格	147毫米×210毫米　32开本　5.125印张　80千字
版　　　次	2021年7月第1版　2021年7月第1次印刷
定　　　价	78.00元

版权所有　翻印必究·印装错误　负责调换

"证券交易,天下最彻头彻尾充满魔力的游戏。但是,这个游戏愚蠢的人不能玩,懒得动脑子的人不能玩,心理不健全的人不能玩,企图一夜暴富的冒险家不能玩。这些人一旦贸然卷入,到头来终究是一贫如洗!"

——杰西·利弗莫尔

丛书出版说明

相信读过不少投资交易类图书的读者朋友，对于国外出版的《金融怪杰》系列图书一定不陌生，该系列图书通过对各投资领域的投资者进行采访，给想了解这些人的交易理念和方法的读者一个难得的渠道。

但是，该系列图书存在两个问题：一是访谈不够深入的问题。由于时间和篇幅限制，许多内容浅尝辄止，难以深入挖掘一名交易员经历中真正能给人启发的东西。二是访谈对象均为境外投资者。国内投资市场经过几十年的发展，在向西方学习的同时，越来越体现出自己个性化的特征。国外的交易经验放到国内的投资土壤中，有时会存在水土不服的情况。而国内本土交易员的成长经历和交易方法，市面上公开的较少，顶级交易员的经验，更是极少传播。

基于以上原因，三友诚品图书、"老徐话期权"团队一起，共同策划了这套丛书。访谈对象不以名气论英雄，而看重真材实料。其中有神秘莫测的做市商，有大型金融公司的操盘手，有业绩显赫的私募老总，有名不见经传的民间高手，有独辟蹊径的交易怪才……这些交易者中，有的健谈，有的惜句如金，所以，这套书也厚度不一。但总体来说，我们希望每一本都是浓缩"干货"的书，不堆砌、不废话。

我们致力于通过十数年时间，遍访交易高手，汇集成交易经验的饕餮盛宴，以飨读者。读者可以在对比阅读中各取所需，提取适合自己性格和经历的交易干货，站在巨人的肩膀上，尽快走向稳定盈利之路。

该丛书存在两个挑战，一是物色挑选优秀交易员，并说服他接受采访，和大家分享他多年金钱堆积而积攒的宝贵经验；二是在与每位交易员有限的几天一对一访谈时间内，尽可能挖掘出该交易员经验中可资借鉴的内容。不足之处，欢迎读者和各路高手批评指正。联系邮箱：qiguan1961@163.com。如果您对该丛书或交易员访谈感兴趣，也欢迎关注微信公众号"你想赚什么钱"（jiaoyiyuanfangtan），持续关注该套丛书的最新单品及交易员访谈视频。

丛书序

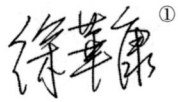[1]

我们谁都没有超能力。

如果你走在北京或上海的街上问路人,是否有预测未来的能力,他们必定会投以奇怪的眼光说:"你有病吧?是否应该去医院挂个号?"这个问题似乎不应该被正常地询问,因为我们没有超能力也不可能去预测不可知的未来。

在同样的时空下,你是否经常地买卖股票或其他标的资产,自信地预测价格的上涨或下跌?所有人都说无法预

---

[1] 徐华康,有着20多年交易经验的衍生品专家,微信公众号"老徐话期权",曾出版《我当交易员的日子》《财富自由之路:ETF定投的七堂进阶课》等书。

测未来，言行却不一致，以为自己通过某个图形或消息就可以预测未来，达到获利的目的。

这是否很矛盾？

在投资上，我们需要在不确定的情况中寻找未来的确定性，通过种种不同的分析方法，用尽所有的努力去找可靠的讯息，只希望能让答案更清楚一点，达到稳定获利的目标。虽然没有预测未来的能力，但是有些人却能将这件事做得很好，获得巨大的成功，也有些人走了长长的弯路后取得了不错的成果。

我们希望能通过成功者的经验，缩短学习的过程，让投资交易的成功路径最短。但根据我多年的经验，某些事情偶尔发生也许会更好，毕竟有些道理是无法教的，直到吃到苦头才会真正学到。你会在书中发现，原来交易员或市场老手，大多都走过一样的路，受到相同的挫折；你可以看到，他们如何克服这些困境，才能在这漫长孤单的旅程中看到更好的风景。

我常常说，交易是一种选择，而不是运气。

在行情下跌的时候你可以选择持续持有或止损出场，

在行情上涨时，你也可以选择持有或获利了结，所有的决定权都在自己手上，但大多数人却将自己的错误选择归咎于运气。当你赚钱了，是天生英明神武的自己选择正确，亏钱的时候则是时不我与的运气不佳。我们应常常向外面的世界看看，那些过去做得比较好的交易员以及你的交易对手们都在怎么做这些事，为什么有些人总是做得比较好，面对错误的选择时，他们如何不让其变成一场灾难。

错误也是这场游戏的一部分。就如同查尔斯·艾利斯（Charles Ellis）在《投资艺术》（*Winning the Loser's Game*）一书中曾说到，在赢家的游戏中，结果取决于赢家正确的行动，在输家的游戏中，结果取决于输家所犯下的错误。而参与者众的投资市场中，你不用是巴菲特或索罗斯，也可以赚到钱，就如同你去参加一场德州扑克的牌局，就算同桌有世界冠军，你仍有可能赚到盆满钵满，只要同桌的菜鸟足够多。就如同投资本来就是一场输家的游戏，我们能够获得成功，不在于我们做得比巴菲特更好，在于我们犯了比市场上其他投资人更少的错，甚至不犯错。

专业投资人做正确的行动，而业余投资人不断犯下错误，而且他们并不知道错在哪里。当股市见顶或触底时，业余投资人最有可能犯下"非受迫性失误"，因为在每一个极度乐观或悲观的情况下，你不知道该怎么做。专业投资人会做出不一样的决定，别人不想要的，他们买进，别人渴望得到的，他们卖出，他们非常熟悉这场游戏的规则，也有自己的经验总结出的方法。你不用犯下所有的错就可以真正学到这些理念，这些正是这套丛书所要传达的。

进入市场交易绝对算得上是一种门槛最低的赚钱行为之一。投资交易访谈的书籍市面上也不算少，但绝大多数围绕国外名人或国内成名多年的基金经理及私募大佬，针对在第一线每天面对行情厮杀的中国顶尖交易员的访谈反而是少数，也许他们与你有更多的相似之处。你一定要仔细听一下这些交易员每次如何面对市场上必须的选择，因为能够吸取那些最棒的前辈已经用实践证明的洞见，绝对是到达成功交易的最短路径。

目　录

第一部分　我的交易之路 ………………………… 001

　　散户最关键的优势是灵活，他没有什么限制，想清仓就清仓，想短线就短线，止损大一点也无所谓，这是相对于机构最大的优势。机构要照顾到的事情太多了。

　　一个真正有交易天赋的人，既有耐心又有格局，又有聪明的头脑能学习，然后又有稳定的情绪控制能力。当这样一个人出现的时候，他就会去学习所有的东西，他就会知道摸索正确的方案，他就会知道现在时运不济，他就会知道我现在该主动出击。

　　如果是下定决心要走这条路的，尽量去找老师，人际交往不能放下，还是要多出去互动，多和人交流。

第二部分　交易系统·················· 067

　　每一个行为的背后，一定有一套默认的东西存在。默认的东西对于新入市场的交易者来说，他是不知道的，他往往只看到了表象的这些技术指标怎么突破，没有看到它内部核心的一个东西，它默认的规则、公式、公理、算法是什么，只有把这个搞明白了以后，你才会更明白怎么完善交易系统。

　　市场只有在经过相当长一段时间的盘整以后，我才有理由相信它这次的突破可能是真的，因为它已经盘整了太久，不可能一直盘整下去，迟早有一天要突破。所以我在做相当重要的决定的时候，一定会去看这个品种是不是在低位盘整了很久，是不是很长时间没有出现趋势，这是一个重要的参考依据。

目 录

第三部分　交易与生活 ······················· 123

　　运动和饮食这两块要特别注重。如果你身体素质不好,你的情绪状态也会不好,你在交易中可能会忍不住,一些明明能够忍住的东西你会想要爆发出来。如果你是一个爱吃重油重辣高热量的人,荤的吃得特别多,你的贪念或者恐惧的念头可能会比一般人更强烈。

　　这些东西会影响我对行情的操作。如果说情绪很冲动很易怒,有时会想也不想就冲进去开仓;或者原本应该多等一等,却感觉有点怕了,过早做出平仓的决定。

第一部分

我的交易之路

散户最关键的优势是灵活,他没有什么限制,想清仓就清仓,想短线就短线,止损大一点也无所谓,这是相对于机构最大的优势。机构要照顾到的事情太多了。

一个真正有交易天赋的人,既有耐心又有格局,又有聪明的头脑能学习,然后又有稳定的情绪控制能力。当这样一个人出现的时候,他就会去学习所有的东西,他就会知道摸索正确的方案,他就会知道现在时运不济,他就会知道我现在该主动出击。

如果是下定决心要走这条路的,尽量去找老师,人际交往不能放下,还是要多出去互动,多和人交流。

第一部分 我的交易之路

你读书时学的什么专业？

我本科学的是人力资源，其实和做金融没有什么关系。我现在读硕士是工商管理，和金融理论方面还算有一些关联。

是因为什么原因对交易产生兴趣的？

最早是2011年，我刚刚大学毕业的那会儿，看到马路上银河证券、中原证券那些证券公司，就很好奇这些是干什么的。好奇之下，然后又有一个朋友推荐我到银河证券，所以我就去银河证券做经纪人了。做了经纪人大概也没多久，然后对股票市场有一些了解。之后我又去做了很多其他的行业，做过报关，做过房地产，什么都做过，然后冥冥之中又碰到了期货，在一个朋友的推荐下到了中大期货公司。

对我自己而言，我不喜欢那种一成不变的工作，也没有想过要通过打工怎么样，我可能是一个追求理想的人，至少在我看来，如果想要把财富做大的话，仅仅通过在大公司打工是不可能的。

我认为让财富积累倍增的途径，要么是创业，要么就是做交易做资本这一条路，或者说像一个艺术家一样有很厉害的作品能够问世，我觉得就只有这三条路能够实现。财富是指数级的增长可能才会满足我的追求。

然后我结合自身的条件，觉得对我来说创业又不太行，创业对个人经历等各方面的要求都挺高的，对人的销售能力以及各方面考验挺完全，我觉得我的人格可能不是那么的完美，在某些方面还是有一些缺陷。而像艺

第一部分 我的交易之路

术追求的话,我小时候也没发觉自己有这方面的天赋。所以最后我就觉得交易这条路还是挺适合我的,不需要跟人打太多的交道,这很关键,我并不是一个适合和人打交道的人。然后它需要人有一定的悟性,有一定的耐心,我觉得这些条件我都符合,所以后来就决定选择期货交易这条路。

其实我个人觉得小资金要成长,股票太慢了,而期货有杠杆,它对小资金来讲,成长得更快一些。股票的话,除非你天天抓到涨停板那种方式,但是现在的话也已经不合适了。所以我综合来看,期货对于小资金的成长是最好的。

本科毕业之后,你直接就进了证券公司做经纪人,在做经纪人之前,你有没有接触过投资?

没有,就我妈妈买了两只股票,那个时候耳濡目染就有感觉了,她买了两只股票亏了以后就不管了,就在

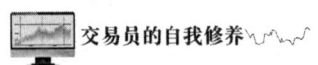

那放了10年。后来在2015年大牛市的时候,我打开来看,那两只股票已经翻了好几倍了,那个时候就觉得交易太有魅力了,只要你有耐心,市场就会给你回报。

你做经纪人期间自己开始交易了吗?

没有,仅仅就是找客户开户而已。

经纪人大概做了多久?

大概半年不到,就四五个月。那个时候就去人多的地方摆摊头或者银行门口摆摊头,可能等那些老爷爷或者叔叔阿姨们去存银行存款的时候,顺便问问他们有没有兴趣开个户。

你刚才提到之所以没有选择股票而选择期货，是考虑到它的杠杆？

一个是杠杆，还有一个是机会会更多一些。因为股票市场如果下跌的话，至少目前来看还没有特别好的方法，如果是融券的话，它额度不是很够，目前还没有。但期货市场的上涨下跌，至少我还都是可以有机会能够去做的。股票市场的机会相对来说就少很多了。

你觉得相对于做其他的投资，散户在期货市场上会有一些相对的比较优势吗？

有优势，但危险程度也更高，这是对等的，尤其是如果判断得对、做得对、方法对的话积累资金很快，但是你稍微一个不当心，马上就回撤，全部都吐回去也很正常。如果说你连方法方式都没有，你可能一开始就全部亏了。我班里有一个同学是跟着我一起做的，他的资金是他和他朋友一起的，虽然说跟着我做，但有的时候他半途当中会有自己的想法，他跟着我一起进场，但是后面不跟着我一起出去，他可能擅自就走了，一个回调他觉得打得好痛他就走了。他不能理解我为什么要扛着，或者有的时候为什么要走掉。反复地这样以后，他的资金大概二十几万很快就耗完了，大概两三个月就输得差不多了，现在就几万块。如果没有方式没有纪律的话，就死得还挺快的。

散户最关键的优势是灵活，他没有什么限制，想清仓就清仓，想短线就短线，止损大一点也无所谓，这是相对于机构最大的优势。机构要照顾到的事情太多了。

当时你离开证券公司之后是去了哪里？

去了报关行。

这个是很早的时候，我刚刚从学校毕业的时候，那个时候二十二三岁，因为我妈妈是海关的，然后她认识一些报关行的朋友，所以我就很自然而然地去报关行尝试一下。

当时具体做什么？

报关的各个环节都做过了，像在港口跟海关打交道，给他们递货物清单，给他们报单子看，过审核，看看有没有违禁物品。然后我也去港口，跑过去看看集装箱货物里面装的是什么。在办公室也待过，联系车队什么的，各种业务都做了一遍，但不是特别感兴趣。

你在那些年里还有没有别的一些跟交易无关的工作经历？

房地产经纪人我也做过，天天外面跑、扫楼，然后看看有没有人有意向，也挺难的，对心理素质考验很高，因为十有八九人家要拒绝你，你真的是得天天围着这些客户转，围着房主转，围着有意向买房的人转，然后人家还不一定真的是想要买你的房子，可能就是过来问一问价，但是你必须得非常热情，得十二万分的热情去招待他，去帮他问，但最后很可能什么都没有，可能他就不买或者就走掉。这就很消磨人的耐心，很消磨人的激情。

然后还有一个经历是在汉堡王的快餐厅里面兼职打工。

尝试这些职业的过程，对你后来走上交易这条路，是不是一种推动？

因为那个时候我还没有接触交易，我其实不知道自己要做什么。像现在有了方向以后回去再看看，之前都是在尝试。我印象很深刻的是网上一些对名人的采访，有一段记者采访小米的创始人雷军，其实就是说现在很多大学生不知道做什么，雷军就说，你就去试，他说你去撞，你撞出来什么就是什么，不知道自己要什么没关系，但是你千万不要怕犯错误，做错是一定的，我们都会犯错误，但关键是提高犯错后的成功率。

所以那个时候我大概率是想趁年轻，哪怕一事无成也没关系，我能把错的路都试得差不多了，剩下的正确的路差不多就会出来了，所以那个时候我换各种各样的工作，目的就是想知道我到底适合做哪个东西。

还记得自己的第一笔交易吗？

第一笔交易是股票还是期货记不清了，但是我印象最深刻的还是模拟盘。大概是2013年左右，那个时候想要做股指期货，但是股指期货的门槛很高，要50万资金，那么像我刚刚大学毕业，哪里来的50万资金，几万块钱都没有，所以那个时候就只能做股指模拟盘。我其实知道期货这个东西很久，但是一直没有去做。我在期货公司听过了很多人爆仓，亏损，包括输得房子卖掉，跟老婆离婚或者怎么样，这些都是我亲身经历看到的人。很多人甚至我们期货公司的同事都跟我说不要去做期货，你一定会亏完，你不行的，大部分人都不行的，你不是这块料。

所以我当时的一个心态就是，我如果实盘进去一定亏钱，不管我辛辛苦苦赚的钱还是怎么样，我放进去一定会亏很多，肯定起码亏好几年。所以我当时就觉得这笔钱与其用现实的钱亏完，不如在模拟盘里面亏完。我觉得这个很划算，我觉得我学费都用模拟盘里虚假的钱交掉了，然后我的经验和对市场的认知提升了。所以我当时练了很长时间的模拟盘。

2013年开始，模拟盘做了多久？

两年左右，花了一年半的时间做股指日内的模拟盘，后面是开始做商品的模拟盘。

这期间一直没有进行真实的交易？

没有。

能够在模拟盘上坚持这么久，并不多见。在这之前你做过哪些交易方面的准备吗？

好像也没有什么，有看书。我做模拟盘的时候是把它当成实盘来做的，我是完全当成真实的钱来做，就好像是玩游戏一样，我其实以前玩游戏也很较真，玩游戏也觉得我一定要玩到最好，或者说要玩成职业选手，哪怕是玩游戏，我也会把它当成一项事业来做。

所以那个时候做模拟盘，我对它的态度是很认真的，我不会觉得这是假的钱就随便做了，我会觉得如果这就是我的钱怎么办，如果做亏了，我就想这要真的是我自己的钱，我怎么会亏成这个样子。我越是这样子对待，我越是觉得我做实盘的时机还不够。

两年模拟盘交易的成绩怎么样？大概是一种什么状况？

没有盈利过，我的模拟盘全部都是亏损的，而且各种各样的错误都犯过，我每天都会在收盘以后写总结的日志，每天都会总结。那个时候我的电脑桌前大大小小地贴满了各种纸条，有的纸条写的是提醒我不要犯这个错误，有的纸条写的是我应该怎么做，应该在这个地方开点在那个地方开点，所以我贴满了各种纸条，就为了提醒我自己不要去犯错或者是坚守今天的策略。

那个时候你的交易风格开始形成了吗？你是如何一步步形成今天的交易风格的？

那个时候在摸索阶段，其实各种各样的都试过。

我最早试的就是日内，做日内大概很小的波段，1分钟、5分钟、10分钟这样的级别都试过。后来再去做一小时、两小时的级别，再到后面就开始做趋势交易了，时间很长了。

那个时候我一个是看书，还有一个就是看那些期货交易大赛冠军的语录，我看大部分人他们真正赚大钱或者拿冠军的，都是做长线的，所以后来我的周期级别就越放越长了。然后我个人觉得我也没有什么做短线的天赋，至少我短线从来没有赢过钱，到现在都做得很糟糕，也不是我反应力不够，可能就是没有对市场的那种敏感度和节奏。但我在2013年和2014年就碰到很多有天赋的选手，在大赛里面参赛得奖的有天赋的选手，我看了他们的报道，这些人没有接受过系统的训练，有些人

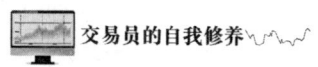

就是喜欢玩游戏，或者有参军的经历或者别的什么竞技行业，然后机缘巧合朋友介绍以后他们就来了，亏了几笔以后就开始盈利了，做股指为主的日内交易就开始盈利了，这样的人很多，我就觉得我和他们没有办法比，所以我后来就觉得日内不适合我。

从你开始做模拟盘，到后来基本确定了长线趋势这个比较适合你的风格，大概经历了多久？

正好是我模拟盘结束两年。

这两年基本就确定了这样一个主攻方向？

对。我实盘一上来就是长线，因为短线我两年里面都亏得差不多了，该亏的亏完了，我知道我如果做短线是怎么个情况，所以这时候就不会再去做。差不多是2015年，就开始进行实盘了。

第一部分 我的交易之路

这个时候就开始在期货里面做是吧？

对，商品期货领域的机会，然后主要做长线趋势。

从2015年开始做实盘，到你能够相对稳定地盈利，用了多长时间？

其实到现在一直是盈利，但是不多，而且不是很稳定，因为2015年到现在这几年，不仅仅是对于我一个入市不久的人来说，对于很多老的交易员来说，都是很复杂多变的几年。哪怕是对于做了十几年交易的人来讲，或者一开始就做期货市场的人来讲，像是2017年的那种行情，2015年的那种行情，包括2020年的行情，都是他们从来没有见过的。

对于我自己来说，我一个新人一上来就遇到这种行情，那更是不知道怎么应对。其实2015年的好行情我是赶上了，是做得挺好，但是后来2016年、2017年慢慢糟糕了，2017年是最糟糕的一年，这一年亏损很大。然后我开始怕了，有一些萎靡，觉得看不懂这个市场，所以停了很久，2017年以及2018年基本没有怎么做了。2019年也只是观望，只做了很少几笔交易，一直到2020年，疫情发生以后。疫情之前，我觉得差不多要有大行情来了，所以那个时候仓位放上去了以后，2020年做得还可以。但2021年现在又开始不太好做了，但总体上是有盈利，我只能说我在这个市场里还活着，还没有死，只能说是这样，还有继续交易下去的资金，有动力。

你进行模拟盘练习，然后开始实盘，这期间一直在尝试着从事别的各种工作？

是的，因为期货交易的不确定性太大了，所以我希望能够给自己多留几条后路，我希望能够看一看，除了做交易员之外，或者如果有一天我做不了交易员了，我在其他行业会有怎样的发展。其实从我开始做模拟盘，我一直有一个疑问存在，我这个人适不适合做交易，这是我一直有的一个疑问。

我见过很多人一直亏，我觉得做得好交易的人，他们生来就有很多天赋，那些天赋就使得他们能够做得好，所以我一直对自己有一个怀疑，我是不是有天赋的那一类，总是抱着这种心态，我不确定我在交易上能够成功或者说能够实现财富快速增长，所以我一直也是在想着有别的工作。即使将来有一天我发现我不是这块料的时候，我还能做别的工作，仍然能有一份体面的生活和收入，这是当时我所想的。

你对自己的疑问目前还存在吗？有没有给自己答案？

目前有答案，我觉得我是适合的，但是可能不是最顶尖的，但我觉得我比大部分人要做得好一些了，至少在理论方面、认识方面，我比大部分人都要好很多。有些人可能做了十几年还在纠结很细节的技术方面的问

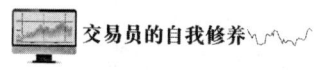

题，他还没有看到更宏观上面的问题，所以相比起来我觉得我还算有一点优势。

什么时候加入的华尔街见闻?

2018年末，当时是担任财经编辑。

具体做些什么工作?

我之所以会进去，是因为主编看中我之前有商品期货交易的经验。实际上在媒体新闻报道这一块，很少有人写大宗商品的报道，懂这一块的人不多，能够写这一块文章的人更少。所以当时我进去主要就是围绕大宗商品方面的新闻去进行报道，尤其是那几年正好遇到了原油开盘，所以我报道了原油，跟踪了一段时间原油的东西。那时候中美贸易还有一些摩擦，传言说可能不要进口美国的大豆了，所以我那个时候农产品也做了很多报道，在这方面就写得多一些。

当时你已经开始交易了，然后也有别的工作，你是基于什么样的考量加入的华尔街见闻？

其实是一个很机缘巧合的东西，我在进入华尔街见闻之前是在朋友开的一家私募公司做商品交易员。然后那家私募公司也没有开多久，从成立到解散大概也就三四年，是我的一个好朋友开的，他也是我的老师，基本上我进交易是他带我进去的，我的第一笔实盘资金也是他给我的，但是私募后来因为种种原因没能延续下去，突然之间就解散了。

解散之后我一时间其实是没有方向，但是那个时候写知乎写了挺久，所以我觉得我做文笔工作可能还行，然后我又有做期货交易的经验，所以我想或许可以结合一下去某个媒体公司，于是就投了华尔街见闻。

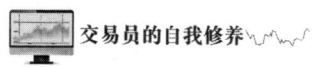

我们先回过头来谈谈你所在的那家私募，在那家私募待过多久？

大概4年。

你刚才说你的实盘也开始于那期间？

对。

从现在来看，你觉得那几年私募的经历给你带来了一些什么？

那几年是我的交易最突飞猛进的一段时间，我最基本的交易体系和框架是在那个时候形成的，同时也打消了我很多的疑惑，很多疑问在跟我的老师沟通了以后，都得到了一个明确的答案，包括我是不是适合做这一行，包括我的交易体系有什么缺陷，有什么漏洞，我的交易方式是不是合理，都在那个时候得到了解决。那一段时间也是我在知乎上写东西产出最高的时候，《交易的逻辑与艺术》这本书里面的大部分内容也是在那段时间产生的。

2015年到2018年那几年？

最核心的差不多都产生在那个时候。

当时所在的那家私募，你日常的工作内容主要就是做商品期货。当时有这一领域的重点培训吗？

那个时候其实没有这种系统的培训，我在进朋友的私募之前，把市面上大部分交易的工具书都看过了，像是《期货市场技术分析》大蓝本那本，《日本蜡烛图技术》，还有《股票大作手回忆录》，这些书基本上都看过了，然后也有一些认识，所以其实没有什么过多的基础培训，也没有什么好培训的。

对于我老师来讲，他觉得交易员不是靠培训的，交易员一定是那种像传统武术师傅带徒弟的那种，一对一师傅带徒弟，要慢慢地点拨，你会在前进当中遇到很多疑问疑惑，然后老师能把你点悟点醒。其实我觉得应该是这样子的。

你的老师在那几年时间内，交易的重点在哪些方面？

当时重点是做股指高频，然后他有一个合伙人是负责写代码、编程，我老师负责写策略，他们两个做配合。然后2014~2015年好行情的时候，他们做的股指确实是很好，还挺不错的。

你刚才提到，你现在关于交易的一些基本框架和基本思路在这期间突飞猛进，开始慢慢成形。你的老师在实践中带你并给予点拨，有哪些方面让你觉得收获特别大？

一个就是我刚进去的时候，问过我老师一个问题，我说我就是把一套系统把一个策略往死里执行，不管行情是不是合适，那么往死里执行了以后，我发现了这个系统的很多问题，这个是我开始慢慢走向系统化体系化道路上的第一步。然后我老师说，对，你一开始不要想太多，就是把一套系统完整地去做去执行，然后你会发现它的很多缺陷和问题，也会发现它是怎么赢钱的，这是最初的第一步。

然后第二个最重要的事，他让我知道了基本假设这个东西。我那个时候还有一个疑问，就是说我做交易好像大部分都是凭感觉的，我说我没有原则，因为

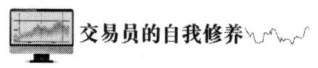 交易员的自我修养

我觉得趋势交易我什么点位进去都可以，我说我没有一个基本的假设存在。他说不对，他说你是有基本假设的，他说所有的交易策略都是有基本假设的，他们做量化程序，量化高频交易也是有基本假设存在的，你所有的交易都是围绕着这个东西而建立的。当时我还不服气，后来我自己反省了一下我交易的东西，发现确实有类似于核心原则一样的东西，像公理一样的东西是存在的，是这些东西使得我能够在这上面去交易。

你的老师带你的那几年里有没有跟你透露过，他觉得你在交易中的哪方面有明显的优势？

他觉得我耐心是好的，然后关键时刻敢出手，我不会畏畏缩缩的。敢出手，有耐心，他觉得我具备一个交易员所拥有的资质，而且我能拿得住，因为我一开始

做就是做长线，实盘一上来就是做长线，我从来没有因为想要兑现利润而把我的头寸提早平掉，从来没有，我永远都是能拿多久就拿多久，而且哪怕仓位加上去加重了，只要趋势还在，我睡觉可以睡得很安稳，完全不用去看它。当然有些人做不到，所以我自己也很坚定我适合做中长线。

后来去了华尔街见闻，作为新闻信息组织者的角色，这段经历对你做交易有没有一些启发？

在那期间我还是在自己做交易的，我吃了一些亏，因为受到媒体环境当中信息的影响。在媒体当中，你不能说第一个知道吧，但至少比大部分人更快知道消息的来源，因为华尔街见闻本来就是一个24小时新闻播报的创始者，他们要求的就是快，所以那个时候我有点觉得我好像知道的很多。

那个时候关于大豆豆粕的中美贸易摩擦，我当时一听到这个新闻，马上就做多大豆了。我觉得如果取消对美国大豆的进口，国内的大豆需求是很高的，但是产量可能不够，所以当时就做了大豆跟豆粕，但结果被套得很深。

所以在那段时间我就知道新闻可能并不会给你带来很多优势，至少在商品期货这一块，你如果说只是听到一个大的消息、大的新闻就马上冲进去，收益可能并不会怎么样。那一段时间我有一些抛弃了我原本建立的交易体系，其实对我自己也是一种尝试，我想试试看，如果我不用技术，不用我过去建立的体系，我听听这个消息和新闻就去做会怎么样，结果确实不太行。

后来离开华尔街见闻去读MBA，是基于什么样的考虑？

因为那段时间行情就开始不好做，2017年是最糟糕的了。2017~2019年对于趋势交易者来讲都不太好做，我当时亏损很大，亏损完以后我的资金总量很小，已经没有办法再去把趋势交易策略给铺开来了，因为趋势交易需要你盯很多品种，才能说这个品种没有趋势，然后你能抓到其他有趋势的品种，这样你总体上还是盈利的。但是我的资金量很小，那一段时间资金量太小了，以至于我不能把品种给铺开来，这样我的策略表达就有问题，它可能不是一个正期望的策略了。

所以那个时候我就觉得，与其这样没有行情去做的话，不如做些别的事情。也就是说我觉得交易要告一段落了，可能我是有适合交易的天赋的，但是目前的市场行情可能我不会做出什么好的成绩来，至少想要以做交易来养活自己或者说怎么样不太可能，所以我把重点放回了正常的工作上面。这个时候我就开始想，身边的人大家都已经是硕士学历了，如果说出去找工作，你连个硕士学历都没有，已经很难去跟人家竞争了。另外如果说我之后要做成中长线,那么在基本面上也需要有所提升,所以我觉得去学校还能把经济学理论方面的东西补一补。出于这两方面的考虑,我去读了书,我想至少毕业以后我还能够找一个正常的工作,我如果交易不能做得很好,还能有一个正常工作,而且我对基本面、对宏观经济的理解能够更深。这是我当时的想法。

能不能跟我们谈谈交易之路上经历过的最难熬的日子。

我也不太好说哪一年更难,2016年到2018年这一段时间都不太好,2019年或许还好一点,但2016年到2018年这三年是我目前为止最难熬的一段时间。

2015年是最辉煌的时候,我个人做的商品赢了很多,那时候也有大行情,然后公司也有大行情,他们做股指高频在那年也赢了很多,那个时候还分红给

第一部分 我的交易之路

投资的客户不少，公司也有资金了，然后还准备说要找风投进来，把公司规模扩大，把服务器弄得更好一些，软件做得更好一些，还要扩招，场地也要办得更大。那一年觉得好像什么都很好，但还想要做得更好一些。

到了2016年就出现了一系列的事情，一个是公司内部出现了矛盾，技术的合伙人突然消失了，然后还拿走了一部分资金，导致公司的资金不够了，也因为他走掉，导致风投的资金进不来，因为缺少合伙人签字。后来整个市场也开始变得不好做了，股指很难再盈利了，因为2016年的时候出台了规定，股指期货开仓有限制手数，所以导致流动性急剧下降，在这样没有流动性的市场高频没法再做，然后商品市场也开始变得不好做了，没有行情。

在这种内因外因突然都变化的情况下，2016年整个情况都变得不好了。2016年公司变得不好，我的交易也变得不好。2017年公司挨不过去了，彻底解散，因为他们做高频的话成本很高，对每一个品种都要进行测试，测试的话可能就要亏很多钱，然后你才能再赢，另外还有服务器的成本，所以最后难以为继，存续不下去了。

2017年行情特别难做，商品也特别难做，我自己交易也不停地在亏损，然后当时公司又解散，我也没有工作，所以又开始重新找工作去了，就这一年是特别的难，很煎熬。

当然还比较庆幸我家里也还行，也不至于说会饿死，然后也没有成家，没有老婆孩子之类的要考虑，所以还算比较轻松，比很多要养家的人好很多了，我一个人还算没有什么大的问题。但当时还有一个很大的负担，我23岁的时候，在还没做交易之前就已经腰突了，当时还挺严重的，我是属于比较严重的一类，导致不能久坐，甚至最严重的时候只能躺在床上。差不多2016年

第一部分　我的交易之路

或者2017年还动了一次手术，当时整个人的状态和身体状况也没有办法出去找工作。正常的工作一天要坐8个小时，以我当时腰椎的状况很难坚持下去。后续也不是说开刀了就好，因为我有一些侧弯，所以还要去纠正侧弯的问题，要到处去找医生看什么的，找了老半天国内在这方面也没有很好的医生，所以腰椎问题困扰了我很久，这个问题导致我睡眠不好，走路会不稳。当时身体健康状况的原因，公司解散的原因，交易失败的原因，市场不好做，所以当时至少是我目前来看最低谷的一个时期了，2017年是最惨的。

　　2018年在交易上面，因为我做趋势交易有一个很大的问题，必须要把品种铺开来，但是我一下子亏了太多，造成铺开品种无法实现，我只能专注当时盯的铁矿石、螺纹钢、豆粕这些还算便宜的品种，恰恰是这几个品种在那几年都没有趋势，而且走得特别难做，导致我越做越亏。我一开始可能2016年还能做十来个品种，亏完了以后，到了2017年只能做五六个品种，到了2018年只能做三四个品种，到了2019年我只能盯一两个品种了，所以就导致越来越难做，越来越不好做，恶性循环下去。这是趋势交易非常麻烦的一个问题，趋势交易你一定要有一笔相当的资金量在那里，如果没有一定的规模，你会越来越不好弄，会越来越难做。所以到2020年我赌了一把，赌了一把铁矿石，然后再赌了一把焦炭焦煤，就一下子做起来了。之后我彻底明白，趋势交易你千万不能限制在几个品种，一定要把品种扩大。

到了2019年我开始放弃所有的东西准备考研了。2019年我就做了两件事情，从华尔街见闻辞职了以后，一个是考研，一个是把《交易的逻辑与艺术》这本书整理出来，然后在考研期间，在这两年读书期间把身体给调理好，同时我相信这两年市场会发生变化，可能会有新的机会出现。至少目前来看一切都还是如我所料的，确实出现了新的机会。然后我的身体状况在这两年也改善了很多，基本上可以再去找新的工作，然后交易上也会有新的突破。目前来讲，我觉得最难的时候过去了。

那几年连续因为各种原因，很长时间处于很不顺的状态，当时你有没有跟身边的人或者家人交流你的这种状态？

有交流过，跟以前的私募老板雷震。他是负责编写程序化策略的，我跟他的关系是很好的，他是我的老师，但也不仅限于是老师，也是好朋友，也是我的恩人，可以说如果没有他，我不会进入这个市场。

我当时进入到私募的时候是没有钱的，仅仅只是知道一点交易的皮毛。我在进私募之前面试了很多家公司，像金闸、白鸽投资什么的，它们说是招操盘手，然后进去其实大部分要么是面试很严格，会把你筛选掉，要么他们自己本身就不成熟，让你自己带资金进去，做亏了你要自己承担，还有很多这种。骗子公司我也碰到过，都不如意。所以当时想要进入私募这个圈子，能够找一位老师来带你，在我看来非常难，你没有踏进这个圈子里的时候，你根本接触不到这一类人，因为我身边其实是没有做期货交易的人的，做股票的倒是有，但水平也不是很高，而做期货的是一个都没有，但我又特别喜欢这个东西。

也是机缘巧合之下，很有缘分地经人介绍认识了我的老师，然后他给了我第一笔资金，给了10万，当时来看好像很少，但是我已经很开心了，因为如果不是他给我资金，我根本就没有启动资金，而且第一次交易他对我没有任何的要求，盈利了全部归我了，他不拿一分钱。到公司解散，至今他都没有问我要回这笔钱，他就说这笔钱就是给你的，你自己去做，所以我是很感激他的，没有他给我这笔资金我不可能开始，也不可能做到现在。他对我也有很多教导。

第一部分 我的交易之路

后面低谷期的时候我只是告诉家人我的状态，说我可能去华尔街见闻工作一段时间，毕竟收入不能停掉，我要找一条新的路出来。因为交易可能要很长一段时间不好做，我在2017年的时候就预感今后三四年都不会好做，所以我不可能再以交易作为主要收入来源，所以当时想着去华尔街见闻。另外一方面觉得自己写作文笔还行，所以想开辟一条新的路，看看这条路能不能走得通，能走得通以后可能是一个备选的路线，是一个退路。所以当时也跟家里人说了这件事情，他们也表示可以支持可以理解，但是我从来没有想过要放弃交易，这是从来没有想过的。我只是想着等待时机成熟的时候，我会东山再起，我会再来的。那段时间跟家人的交流就是这样。

在华尔街见闻做了一年多，其实离开也有一部分是身体原因，我实在做不了，因为见闻还是挺热衷于加班的，突然之间半夜三更来个新的消息，特朗普发个推特，你就走不开了。所以当时也有一部分是身体原因，

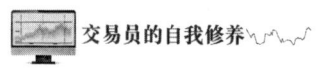

导致我没有办法做下去。

我跟我的老师交流是最多的,后来虽然公司解散了,但是我每年都会找他吃一次饭,聊一聊现在情况怎么样了,聊一聊我的状态怎么样了。从见闻走了以后,我说我要考研,他说他大力支持我的想法,他说你这几年做一些看似很艰难很突破性的决定,但当你四五十岁的时候回过头再去看你现在做的,你会觉得无比的正确。至少我这两年,公司解散之后这几年做的决定,我觉得还是对的。可能没有赚到什么钱,没有怎么样,但我觉得我没有走错路。

在那段时间,你的这位老师在交易上有没有根据你的状态给过你一些有帮助的建议?

其实我2014~2015年刚认识他的时候,那个时候他对我的帮助是最大的,到2016年帮助也很大,2017年的时候基本上就没什么了,两年的时间大部分的东西差

第一部分　我的交易之路

不多都知道了。2017年以后其实我就是在走我自己的路了，因为他不是做手动交易，他是做程序化高频交易，和我的区别还是挺大的。虽然说有一些相通的东西和核心的东西他会教我，但是在这之后基本上是我走我自己的路，我要往基本面方向大力发展，在宏观上基本面上能够看得更懂，在仓位管理上能更懂。他可能会去钻研技术方面，他要去钻研程序化写代码方面，他要把写程序写代码搞得更好，所以后面其实不太有更多的指导了。其实在后面他跟我说的就只有一句话，你要等时机来临，你在后面能做的没有什么了，就是等，等大的机会来临，然后去抓住它做好它，其他没有什么，你现在的体系就已经这样了。

对所有趋势交易者来说，这句话应该说是最重要的一句话。他应该算是你交易生涯中对你影响最大的一个人？

对。

之后对你的交易系统以及你想法的成熟，还有没有别人对你影响比较大的？

一个是叶飞叶哥，他对市场状态的认知很清晰，因为他是做趋势交易的，其实有很多问题他比我原本的老师知道得更清楚，因为他是做趋势交易，而且他有现货背景，所以他其实是第二个影响我的人。虽然我跟他认识时间不久，但是每次跟他聊我都有收获，这种收获已经不是说那种很基层的框架上的，我跟他聊过以后的收获是在我的体系已经有了一定成形以后，帮我把我的这些小毛小病给慢慢地补起来，把一个个瓶口给突破得更高了一些。

比如说以前对于不好做的行情，我的态度就是规避，我不做了，但是他给了我一个新的思路，你可以稍微灵活一点，在行情不好做的时候，你就搞一把小的，就仓位重一点做一把小的，把周期放小，也不要加仓，重仓一波下去，赢了马上就收走，搞完就好，不要做了。他给了我一个更灵活的思路，他把波段交易和趋势交易结合起来。当趋势交易结束的时候，碰到那种不好做的时候，像今年上半年的行情，你就用这种更灵活的交易策略去做。当然碰到有趋势交易的时候，还是按趋势交易来做，加大仓位地去做。对于这种行情不好的时候，这种时间节点他看得很准，行情一不好做，他马上就知道不好做了，但我还是有一点后知后觉，我可能要错个四五笔，才能意识到行情开始不好做了。

这个事情其实就是放到更小的周期里面来做趋势，算是这样吗？

也不算趋势，算波段，因为它不加仓。像正常的趋势交易，我要容忍一波回调，你回调来了，往反方向走了，我在不停地亏钱，利润在回吐，但是我还是不走，我等，等你回调完了下去再加仓，但是它不是，它回调刚刚一出来马上就走了,不等,这算波段,小波段。

刚才说到趋势没来的时候可以这样做,趋势来了依然会转化成做趋势,那么这种转换你是依据什么来判断的?会不会因为在震荡期做久了,然后等趋势来了你会忽视?

其实就我自己的经验来讲,是真金白银试出来的,我就是用这个策略继续去做,而且一直在亏。然后我看看自己的单子,这不是我自己的问题,我照着我自己的系统在走,但是它就是不停地亏,这个时候就差不多意识到市场的状态已经开始变掉了,市场可能已经没有趋势,趋势已经结束了,接下去就是震荡行情了,我可能要亏个四五笔才意识到。有的时候我赢了一波以后就回吐得还挺厉害,然后慢慢开始意识到不能用趋势的方法做了。但是叶飞的话,我不知道他用什么方法去判断,他可能会看基本面更多一些，可能看季节性的因素，可能结合基本面的东西。我现在这一块还没有彻底地融入进去，我主要在这一块把握得不太好，在风格转换的时候，我很后知后觉，总是在亏得差不多了才意识到已经不能用趋势了。

其实也就是你在《交易的逻辑与艺术》一书中提到的系统的四种状态，当系统在系统有效、系统失效、系统误判、系统死亡之间切换，目前你可能还是不能特别满意地来进行判断？

总是很后知后觉，总是要亏个好几笔才能意识到。我觉得真正做得好的人，他也不能说有预见性，但是他至少能够很克制，他开始就克制起来了，仓位马上就放小了。但我有的时候仓位还是会很大，即使市场的情况已经变掉了，我仓位还控制不住，真正做得好的人，他马上会把仓位降下去，然后把心理的预期给降低。我

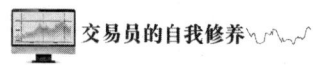

觉得这种迅速的转变很难做到，我目前这方面还不够成熟。

在交易之路上有没有那样一些时刻，你突然意识到在交易这件事上开始真正的上道了，有的人把它称为顿悟的时刻，但我相信交易的顿悟时刻绝对不止一个，可以跟我们谈谈印象比较深的一些，都是因为什么样的契机发生的？

我大概有三个顿悟时刻。

第一个是我开始不做模拟盘，开始做实盘，实盘开始做长线的时候，我突然意识到了我原本喜欢把趋势交易方法用在日内去做，但是总是做不好做不赢，但我把这一套方法级别一放大，用在日线级别上去做，一下子就赢钱了。我突然意识到，因为日内交易的行情波动是有限的，它一天最多就涨停板跌停板，它的幅度就这么点，所以它限制了利润的奔跑，在日内利润是很难奔跑起来的，它的盈亏比天生就是固定的，它就这么点，你妄想在日内用趋势交易方法去做，它的盈亏比就很低。所以那一套方法在日内就是行不通，而且日内的加仓风险极大，你一旦加仓加错了，它一个回调，你可能一个月的努力全部白费。但在长线级别即使加错了，只要后面你加对一次，你仍然可以全部赢回来。因为长线级别的盈亏比不能说无限，但是它的上限下限是很高的，它绝对可以通过这个盈亏比把你前面的亏损全部拿回来。这是第一个顿悟时刻，让我开始对趋势交易有了信心，开始知道趋势交易必须用在这个级别的周期上才能够做成，在日内是不行的。然后我反过去思考，后来也跟人交流了以后，才知道他们做日内交易的短线从来不加仓，而且都是重仓，重仓或满仓下去，赢了就走。后来我就发现这两个在仓位管理上风格是截然不同的，两套理念你不能混淆，做趋势的就是要加仓要拖，做日内就是要果断及时地止盈，而且要重仓不加仓。

第二个顿悟时刻是我开始坚定地执行趋势交易系统

以后，发现了很多有规律性的东西。我发现我的交易曲线图净值和市场当时的行情走势是差不多的，很像，市场有一波行情的时候我的交易净值曲线图也开始往上走了，市场开始不好做的时候，我的曲线值也下来了，就发现了我其实是在跟随这个市场，在描述市场的行为，我的交易其实就是在表述市场的行情，如果说市场好做，我曲线图没上去，那说明我自身执行操作是有问题的。这让我感觉到了我其实是在描述市场行为，让我对交易这件事本身有了更深刻的认识。一开始我其实是不知道我到底在交易什么东西的，在之前我不知道我在交易什么东西，我到底是在跟市场做一件什么样的事情，什么样的互动，后来知道我和市场之间的互动，就是我在描述它，我在跟随它。

再后面一个顿悟的时刻，我开始知道有些行情我是做不了的，有些行情我没有办法去参与，怎么做都是输的，就是学会适时地退出。

我们顺便谈谈你曾经提到的公式，我不知道现在你会对它进行怎样的修正。你当时说的是交易中的几个因素，25%的方法、25%的时机、25%的天赋、15%的运气和10%的努力。如果现在这些因素或者说新的因素组成了交易中最重要的事的话，你会把哪些因素放在最重要位置？

可能现在我会觉得天赋还是更多一些。当我见到过那些真正有天赋的人了以后，我会觉得后面那些东西都是假的。因为一个真正有天赋的人就好像查理·芒格说的，这个人他既有耐心又有格局，又有聪明的头脑能学习，然后又有稳定的情绪控制能力。当这样一个人出现的时候，他就会去学习所有的东西，他就会知道摸索正确的方案，他就会知道现在时运不济，他就会知道我现在该主动出击。如果这个人有天赋的话，哪怕没有老师，他都能很快摸索到正确的路径。所以当我看到那些有天赋的人的时候，两三年或者一两年就能盈利了，而且没什么人带他就能做得很好，当我碰到这些人的时候，我就觉得我很愚笨，觉得我付出那么多的努力和工夫，经历了那么多的失败，才刚刚摸到了门路，才刚刚一步步地大幅进步，而人家才几年的时间就进步了，所以我现在觉得天赋可能要占到70%~80%，剩下的比例其实可能很小。

天赋这个东西不仅仅是做交易，其实你做任何其他行业都是这样，有天赋的人，合适的人，他很快就能上手，很快就能做出一番成就，你可以看到有些人十几岁二三十岁就能做出成就来，他就是这一块料。不仅仅是做交易，你去看那些数学家，或者说理科很好的，他们学数学就很快，老师一讲马上就懂了。文科好的人不需要老师讲无师自通，就能写出很深刻的文章，就像有名的作家，常常没有老师，都是自己成才的。尤其是创造性的行业，企业家、艺术家等都是这样子。像马云有谁教过他怎么成为成功的企业家？没有的，他生来就是企业家。刘强东生来就是企业家，巴菲特生来就是做股票的投资家，可能就没有什么好教的。所以我就觉得人最重要的，不能说30岁前，我觉得这一辈子最重要的是知道自己是块什么料，知道自己适合做什么，这就是最重要的。用巴菲特的话说，你要清楚自己能力圈的范围，你智商哪怕再高，你不清楚自己的边界在哪里都没有用。知道自己能力圈范围在哪里，这个比你聪明更重要。有的人很聪明，但他总是在自己能力圈范围之外做事，他老是失败，再聪明也没用，他们不是这块料，而哪怕你不是很聪明，你知道自己能做什么，哪些东西做不了，我觉得这就很厉害了，你这一辈子不会错得太离谱，你这一辈子都会朝着自己能力范围内的事情去做，然后路会越走越顺。

除了天赋跟运气这些事实上个人不可控的因素之外，你还会把什么要素放在重要的位置？

剩下的就是有老师带很重要，有环境很重要。

老师带是指这个老师他自己有很丰富的交易经验，他对你认真负责，自己水平也还不错，然后带学生的能力也不差，有的老师他自己水平很高，但未必会带人。我之前很喜欢迈克·泰森，他的老师已经过世了[①]，名字叫什么我想不起来，但是他的老师其实绝对是他的伯乐，没有他的老师就没有泰森今后的一切。我觉得交易也是这样子，一定要有一个很好的老师能够带得了你。

然后环境因素，最好是能够在有现货背景的企业里面成长，你能了解很多现货的东西，或者说在一个好的私募公司里面成长，这都能够让你少走很多弯路，能够让你尽快认识到自己是一块什么料，在知识的积累、工具的应用上面也会更快上手。

如果没有这些东西，你自己去做，要去摸索，要去犯错，会有成本，成本会高起来。也不是说没有老师

[①] 迈克·泰森（Mike Tyson），1966年6月30日生于美国纽约市布鲁克林区，前美国重量级拳击职业运动员，被认为是世界上最好的重量级拳击手之一。他的师傅是库斯·达马托，看到泰森的潜力后对他进行训练，扮演着亦师亦父的角色，在1985年去世，泰森的技巧和攻击方法离不开达马托的成功指导。

第一部分 我的交易之路

带和良好的环境，有天赋的人就做不起来，他也能做起来，但是你会犯错会有成本，而如果有这两样东西，你的成本会很低，你犯错的成本很少，会让你更快地认识到自己是一个什么样的选手，你是一个适合做短线的炒手，还是一个适合做长线的人。因为自我认知这个东西也有一部分天赋的能力，有的人天性很喜欢自省，我是很会反省的一类人，所以我不停地在认识自己到底是一个什么样的人，我哪些能做哪些不能做。但有些人不喜欢反思，有一些天性乐观的人，他们只想着现在开心就行，他们不喜欢沉浸在错误的事情当中，他们面对问题的方式是逃避，他们喜欢逃避，他们不想去把问题解决，这一类人可能很难对自己有一个深刻的认识，他们只有在犯了很大的错误，闯了很大的祸以后，才认识到自己这里那里不行，他们不能做某些事情，才认识到自己是哪一块料。

但是对于我来说，我在这方面会进步得快一些，我犯了错误或怎么样，会及时地去反省自己哪里做错了，面对问题还是以一个比较积极的态度，不会说去逃避，比如有人觉得这个问题很麻烦，就不想去管这事情，我不是，如果说我在一个坑掉了一次，我一定是爬起来，然后再去想办法跨过这个坑，我会去研究、分析、反思，一直到能跨过去为止，这是我的一个态度，所以我觉得自我认知这方面也很重要。

在一个好的环境当中，在有老师带的环境当中，在和别人互动当中，你能更快地认识到自己，你会看到同样一件事情，你在懊恼的时候别人突然就解决掉了，你会发现出现了你做不了的行情的时候，别人就会做得很好。你会认识到原来我跟他不一样，他是那一类人，我不是那一类的；然后你再跟另外一个人交流，你会知道他又是另外一类人，我又不是他那类人；最后你可能碰到一个人，这个人和我好像，和我看到了一样的问题，而我们是同类人。你又会看到有一些成功的前辈，这个前辈和我也是同类人，你可以看看这个前辈是怎么过来的，他犯了哪些错误，他是怎么去克服的，然后你就能认识到自己，对自己有一个很全面的认识了。

你对自己的认识是通过和周围接触到的人的互动来完善的，单独一个人闷在家里是完善不了的，哪怕你一个人天天自省，最后能够得出一些结论，它都是不完整的，都是有缺陷的，这种认识是有偏见的，一定要多和外面互动，你对自己的认识、对这个市场的认识才会逐渐地完善。

能不能谈谈你特别难忘的一次交易经历？

应该就是去年。去年是我绝地反击的一年，我当时很小的资金量全部压在铁矿石，如果那一波没有押对的话，我彻底就结束了，可能要告别期货市场很长一段时间了，我需要去工作，工作赚了钱再重新来做期货。但是去年是押对了，而且去年是我第一次以这种满仓来做，去年一整年我都在满仓交易，一整年我做了四五十笔交易，全部都是满仓，然后还浮盈加仓。

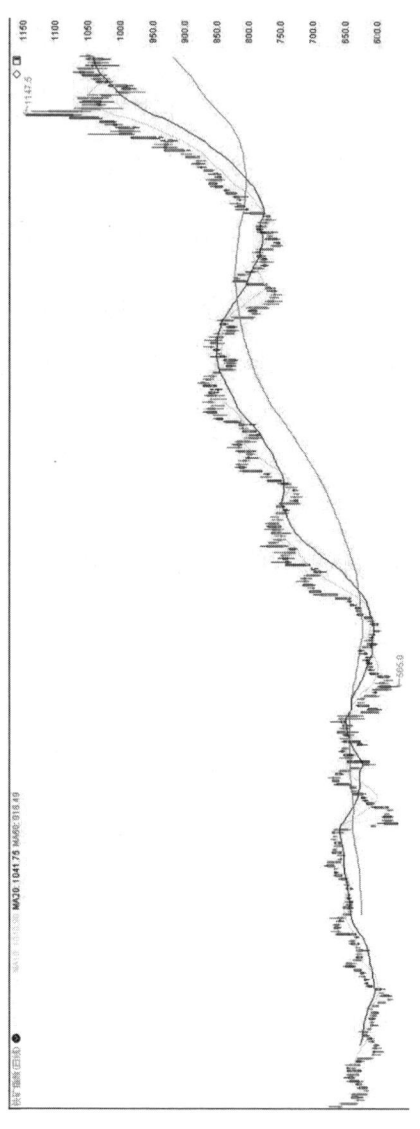

铁矿石指数2020年走势日K线图

一开始就满仓？

一开始就满仓，从四五月份开始就满仓，一直满仓到年底，有了浮盈就加上去，去年一整年把资金翻出来了，这也是我第一次这么去做。

促使你做出这么大胆决定的逻辑是什么？

因为我时刻牢记以前我老师说过的那句话，"行情会有难做的时候，但是它不会一直难做"。我一直牢记着这句话，在2020年以前行情是很难做的，至少对于我来讲整整四年都不好做，而且我长期跟着铁矿石看。到了2020年当铁矿石有突破的时候，你问我那个时候具体的原因我说不出来，我只记得我老师的那句话，行情会有难做，但不会一直难做，它一定会有好做的时候。铁矿石整整四五年了，一直都不好做，所以我感觉到2020年这个突破，然后又有疫情发生，又有各种基本面的配

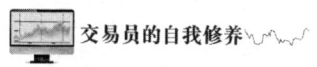

合，我就是知道那个时候一定会好做的，我当时满仓就去博铁矿石的行情。

你进场的时候有没有考虑时机？

考虑，我看到有趋势线的突破了以后再进去的，具体时机上也还行。

技术上还是符合你的交易系统？

符合的。

再加上有其他各方面的配合？

对。整体的市场状态我觉得也开始要来趋势了，对趋势策略是好做的。我们可以去看，2015年是CTA策略[①]的大年，那年的CTA是表现得最好的，然后到2017年很糟糕，整体的CTA策略直接是负的，2018~2019年一般般，然后到了2020年CTA又起来了，整体的市场状态也好了。所以这种都是有规律性的，整个CTA行业只是某一年特别好，之后几年都不好，它还是有一点规律可循，但是你问我具体是哪一年，不好的时候要持续多久，这个说不出来，不知道。

市场每时每刻充满着诱惑，会吸引大多数人犯的错误就是不断地交易，你在市场中是怎么面对这些诱惑的？

我在这方面的诱惑从来都没有受到过，因为可以说我是一个挺理想主义的人，我在做交易之前就想过这个

---

① CTA，全称 Commodity Trading Advisors，即"商品交易顾问"，也称作管理期货。它是指由专业的资金管理人运用客户委托的资金投资于期货市场和期权市场，并且收取相应管理费用的一种基金组织形式。CTA作为一种投资的策略方法，本质上是规则的集合，它的规则性很强，许多投资门类都包含在内，是实现资产配置中分散投资的一种重要方式，目前正逐步成为成熟投资机构的基础资产配置之一。

事情，我今天走期货交易这条路，就是冲着做到很大的资金量级别，这样我才会满意，不是冲着赢个十几万或者赢个一两百万。我的目标从我做交易的第一天开始就决定了，就是要成为最优秀的或者说有一定地位的交易员，这就是我做交易这一行一开始就定好了的目标。所以我从来不会因为赢了一点钱就觉得很开心，反而会觉得离我的目标还差得很远，总是觉得我做得还不够好，做得还是差很多，因为我从一开始就不喜欢去定那些小的目标，我喜欢把目标定得长远一点。

然后我希望能够花一辈子的时间去实现这个梦想，如果能够早一点，我还会有其他的目标要实现，这是我从一开始给自己定的目标。但有些人可能没有想过这些东西，有些人可能想的是能够赢点钱买辆车，或者买个房子，或者买个包包，或者赚点零花钱，他可能就会受到更多的诱惑，受到更多外界的影响，因为他一开始定的目标和志向就不是朝着职业交易员这条路去走的，他没有志向，所以我觉得这个是最大的区别。

这么多年的交易中爆仓过吗?

没有,还算比较幸运,其实去年差一点就要爆仓,但还算好,我总是快要输没的时候又能赢回来。

去年还是挺敢赌的。

对。因为我跟了这些品种包括铁矿石和螺纹很久了,我从一开始就跟着这些品种,所以当你长时间盯着这些品种的时候,你就能知道它差不多处在什么样一个境况里面。

你平时是怎么面对或者处理交易中的压力的?

运动可能是最多的,我之前在私募的时候,每天都会健身。其实压力这种东西,因为我有看过这方面的书籍，内心有紧张感了以后体内会分泌一种东西①，让你感到心情低落，而通过去积极地运动，增加你的新陈代谢，包括多喝水，会把这些东西给排泄掉，之后你的心情就会得到舒畅，会恢复，会好很多，所以适当的运动很重要。

还有和老师和朋友多交流，把这些东西说出来，也会好很多。

还是要找到一个好的发泄方法，每个人的发泄方法可能不一样，有的人可能有其他的方式。

你认为一般的投资大众有哪些常见的比较严重的错误观念或者行为？

其实我觉得还是一个天赋的问题。有的人生来就是那一类人，如果你不是那一类人，你跑到这里来，我就

---

① 压力能够作用于下丘脑 - 垂体 - 肾上腺轴（HPA轴），让肾上腺分泌一种称作皮质醇的激素。因此，皮质醇常被称为"压力荷尔蒙"。

第一部分　我的交易之路

会看着你格格不入，我就觉得你做什么都是错的。但并不是说这个人习惯怎么样，不，他就是那一类人而已，你没有办法说是他习惯做或者怎么样，他就是不合适而已。如果这个人他具备这方面天赋，他进来做，我会觉得看他什么事都顺眼，因为是那一类人他就会去做，他就会慢慢地去往正确的方向靠。

其实刚开始做交易的时候，我会不停地写笔记，天天反省，但是没有人叫我去做反省，没有人跟我说或者催着我，你今天要写检讨写反省，从来没有人跟我说过，这是我自己想要去反省，我自己喜欢把这个问题解决掉，这是一个好的习惯。我跟其他人交流以后他们也有这个习惯。所以你说其他大众他们有什么不好的习惯怎么样，我只能说你如果是这块料，你就会有这种习惯。

如果是一个愿意反省的人，遇到问题喜欢去克服的人，你就会这么去做。如果是一个对事情较真喜欢去钻研的人，你就会这么去做。如果是那种逃避类型的人，你就不会这么去做。所以很多时候说到底还是一个天赋的问题，还是适合的人就会这样，不适合的人就不会这么去做。硬是要强行扳过来的话，我觉得这事情是在逆反他的天性，会付出很多的心血，既然他的本性可能适合去做其他的事情，在其他行业可以发光发亮，就没有必要在这里受罪，不值得。

如果让你给刚刚进入交易市场的新手几条建议，你会给什么建议？

你一定会亏钱，并且短则三五年，长则七八年，你会一直亏钱，或者说不死不活地这样过着。所以如果进入交易行业想要挣大钱，一定要做好打持久战的准备。如果你家庭很富裕，家里父母能够给予你后端的支持，那么你可以不备后路，可以一门心思搞交易。如果说你家庭不是很富裕，你还希望从这个里面捞钱来，那么你一定要做好其他收入来源的准备，你要有一份正当的工作，在你期货亏钱的时候，你还能有收入维持你的生活。

如果你没结婚没小孩，那么在你交易没有成形之前，在你收入不稳定之前，尽量把这个事情往后拖，因为交易是一个不知道什么时候能赢钱，收入很不稳定的事情。如果已经结了婚，有小孩了，家底不是很厚实的话，一定要慎重选择走这条路。

我看见过很多已经有家庭孩子的，家底也不怎么样，指望通过期货能够翻身的，他们的下场往往会更惨，他们生活中的压力会导致他们的操作变形。一个人的时候无挂无牵没有担忧，没有负担，他们这个时候去学习去做交易是最好的，可以一门心思在这个上面，哪怕输了可以再来。大致是这样。

还有没有别的建议？

如果是下定决心要走这条路的，尽量去找老师，人际关系交往其实不能放,还是要多出去互动,多和人交往,不管是网上还是实战,多交流多认识一些人。

看书肯定是要的,看书是免不了的,还要自我总结,检讨。我那本书(《交易的逻辑与艺术》)里面的内容都是自我检讨、反省以后总结出来的东西。

如果是经验挺丰富,但是还没有稳定盈利的人,你会给他们什么建议?

其实有两类人,一类人他其实是具备潜质和天赋的,他是可以成的,他就是缺少一些关键性的点拨,这类人其实要多跟人交流,可以的话甚至去看看别人的交易记录。和其他做得好的人探讨他们的理念,这会对自己有很大的帮助,某一个时间点可能就能点醒你了。

还有一类人,他不是这块料,他靠死撑撑了很久,但是你问他一些关键性的问题,他还是答得不得要领。对于这类人,我觉得要早一点认清自己,该放弃就放弃,不管你是沉进去5年也好,10年也好,不如早一点放弃。其实我碰到的大部分是第二类人,他们不是这块料,但还是死死地抱着这个行业,其实这一类人他们通常是把自己其他的路给断掉了,如果不做期货,他们没有别的行业可以去做了。所以我一开始的时候就是备好后路的,如果不做期货,我还可以做别的东西。如果你早早把自己其他的路给断掉,到后面就会遇到这个困难,做到一半发现自己不是这块料,放弃了又做不了其他的东西,这在人生当中是一个很难的时刻,如果还有老婆孩子那就更惨了。所以如果你是第二类人,即使没有后路,还是要早一点放弃。我个人觉得在人生当中什么时候认清自己都不为晚,哪怕五六十岁才认识到自己是块什么料也不晚,在错误的路上一直走下去,只会错得越来越大。

如果你拿到一张去外星球的"船票"要离开地球，10年后才能回来，你的所有资产被要求放到一个投资品种上，你会放在哪里？请详细谈谈你做出这一选择的原因。

那我肯定全部买股票指数，中国股票指数目前处于低点，现在买了不动的话，10年以后绝对是一笔大财富。我上个星期和我学校里的导师交流，他叫奚君羊，上海财经大学金融学院的教授，他就说了，股票指数肯定是永久的单边上涨行情，从足够长的时间来看，股票指数的低点都是在不断抬高的，尤其像是中国美国这样的国家，肯定都是一直在发展在进步的，如果说大盘指数不会创新高了，那这个国家也差不多要完蛋了，那你买不买股票也无所谓了。所以这个逻辑是绝对稳健的，你不会选股，不懂怎么买卖，那就买大盘指数[1]，在相对低的位置买了放着别动，一定赚钱。

---

[1] 关于指数投资，可参考《财富自由之路：ETF定投的七堂进阶课》一书。

第二部分

交易系统

每一个行为的背后，一定有一套默认的东西存在。默认的东西对于新入市场的交易者来说，他是不知道的，他往往只看到了表象的这些技术指标怎么突破，没有看到它内部核心的一个东西，它默认的规则、公式、公理、算法是什么，只有把这个搞明白了以后，你才会更明白怎么完善交易系统。

市场只有在经过相当长一段时间的盘整以后，我才有理由相信它这次的突破可能是真的，因为它已经盘整了太久，不可能一直盘整下去，迟早有一天要突破。所以我在做相当重要的决定的时候，一定会去看这个品种是不是在低位盘整了很久，是不是很长时间没有出现趋势，这是一个重要的参考依据。

第二部分　交易系统

你在书中①提到，包括在刚才的谈话中也提到了，交易系统的源头是基本假设，有什么样的基本假设就会有什么样的交易系统，再详细跟我们谈谈假设和交易系统。

其实在做交易的时候，你一定会有一些默认的东西，如果这些默认的东西都不复存在的话，你整个交易的东西都会灰飞烟灭的。如果说做趋势交易，我一定默认趋势是会延续的，如果你都不承认趋势会延续，那还做什么？那不用做了。你的一切加仓行为，等反弹加仓，然后再怎么等它延续再持仓这一系列的行为和动作，都是因为你默认了趋势会延续，并且不会轻易转

---

①　在《交易的逻辑与艺术》一书中，大部分的内容已经在谈交易系统，此次访谈主要是做一些补充，把偏理论的东西更加具体化。

头，你默认了这一条的存在，这个其实就是类似于基本假设的东西。你会发现之所以做对了，是因为你默许的那些东西出现了，你默许的趋势会延续，所以市场出现趋势延续的时候，你能够赚钱，但这些基本假设的东西，它有的时候不会出现。

当你默认的那些规则开始不在市场中出现，这个时候你的交易系统就不能用了。一开始大部分人都不会先从基本假设开始入手，慢慢构造交易体系，大部分人直接就从交易系统开始，他们会先从具体怎么开仓，怎么平仓，123法则或者趋势线突破法则，或者交易技术指标怎么突破，怎么回调这些入手。他们没有倒过去深究为什么这些技术指标有的时候会好用，有的时候不好用，这些技术指标之所以能够好用，它背后一套默认的规则是什么，显然它背后是有一套默认的东西的，均线系统之所以说能够突破，是因为它默认了如果长时间行情不变化，突然之间变化，一定是有某个变量的因素出现，具体是什么我不知道，但它一定是有超乎于过去20

第二部分 交易系统

日、30日不同的因素出现，把价格推升至更高的位置，所以默认这个因素了以后，可能会有大的行情。

每一个东西的行为，背后一定有一套默认的东西存在，默认的东西对于新入市场的交易者来说，他是不知道的，所以有的时候你要去倒推，而他往往只看到了表象的这些技术指标怎么突破，没有看到它内部核心的一个东西。就好像我们去谈论人工智能AI或者说是机器人也好，其实你看到机器人做那么多动作，它背后的一个核心算法是很简单的，可能就两个公式或者就只有一个公式，它所有的行为都围绕那个公式展开，是用的一套算法。所以有的时候我们也会发现，这家公司产品的机器人和那家公司产品的机器人，两家公司的机器人风格不一样，那些电子产品你也会很明显感觉到不同，像安卓系统和苹果系统，究其而言，就是它背后核心的那一套公式和算法是不一样的。交易也是一样的，看到指标系统以后，你要能够看到它里面的那一套核心的东西，默认的规则、公式、公理、算法是什么，只有把这个搞明白了以后，你才会更明白怎么完善交易系统。

一些新手，或者说经验不是那么丰富的交易者，该如何一步步地去建立一个正期望的交易系统？

有两方面。

一个是你自己要能做得到，你自己的性格方面要摸索清楚，你究竟适合用什么，因为趋势交易不是每个人都适合做的。我朋友公司那边招了很多炒手过来，都是转型要做趋势交易，但他说至少目前三四年来，没有一个人能够彻底转型成功。所以你还是要摸清楚自己到底适合做哪一方面，也不是说每一个人天生就有很好的耐心，有些人耐心就是不足的。所以这是一方面，摸清楚自己天性适合做什么。

另外一方面是你对这个市场的理解，对这个市场规则规律的理解，这会使你慢慢形成交易系统具体的一些东西，就是这两方面相结合起来。

在保持交易系统的稳定性上，有什么是值得重视的？

应该是仓位控制，还有就是不好做的时候能够及时停手，这两个是最重要的。这两个做好了，你整体的交易不会大起大落，至少是对我趋势交易来讲，不好做的时候仓位及时地降下去，使你的回撤更小。然后能够在不好做的时候多观望，这会让你的系统更加稳定。

因为你个人的交易风格是属于长线趋势追踪，以技术分析为主。接下来我们重点聊聊这种交易风格，先跟我们谈谈你是怎么认识和界定长线趋势追踪这种风格的。

我是不看指标的，纯粹是裸K，然后我的核心是道氏理论的趋势线，我是画趋势线来判断。

不用均线？

不用均线，我只看趋势线。因为道氏理论对于趋势的描述是很简单的，两个低点就能画出一条上升趋势线，两个高点就能画出一条下降趋势线，那么很简单，如果说现在市场走了一段时间以后，我能够画出一条趋势线出来，那我大致可以假定现在市场是有趋势的，然后我会结合波浪理论和道氏对于次要趋势的定义，也就是说趋势在经过一轮回调以后，仍然会往上涨或者往下跌，也就是说趋势被真正确认的时候，是在它回调以后仍然能往上走的时候，是在回调刚刚结束继续往上走的那一刹那被界定的，是在那一个时刻被界定的，但是在那一个时刻是处于一个临界的状态，因为它有可能往上走，也有可能继续掉头往下走。如果说它一轮上涨下跌，然后又继续往下走，那这个就不是趋势，它是震荡。如果又继续往上走，它就是趋势了，所以它是在临界点的时候被界定住的，再继续上涨又下跌回调。回调的时候没有往下跌，再往上走，就那一刹那一段时间。对于日线交易者来说可能是一个星期，可能也就两三天它就被界定住了，这是一个趋势的出现了。

根据你刚才的描述，应该更多的是一种突破来界定趋势的状态？

其实我要确认上涨趋势的话，它要有两个低点，它一轮上涨，头这里是第一个低点，往下跌，会出来第二个低点，如果它再往上涨上去的话，跌完以后再往上涨，那就有两个低点，可以画成一条趋势线，那趋势就出来了。但是如果说它往下跌，跌完以后又往下跌，又出新低了，然后下面如果说再划一条趋势线，趋势线的角度可能只有30度或者40度，基本上现在不复存在了。因为如果说要界定一个趋势的话，这条趋势线的斜度至少要在45度以上，或者50度、60度左右，60度以下我基本上不会认为有趋势，市场处于一个横盘状态，在60度

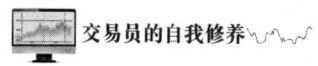

的斜率往上一点，我可以认为市场还是有趋势存在的。

在界定有趋势的前提下，你才会考虑在哪个地方寻找一个进场点？

对。首先我要判断市场当前有没有趋势，如果我连趋势线都画不出来，市场没有趋势，我不用做了，我看就行了。如果我现在能画出趋势线来，我至少认为当前是有趋势的情况，那么我再耐心地等时机再进去。

作为长线趋势，你的交易周期一般是多久？

如果盈利顺利的话，可能四五个月会一直持仓。像去年的话，其实大部分都是持仓到合约结束，平均持仓两三个月左右。

一直到合约临近交割？

对，有的时候换月了，还要换到远月去了。

应该说在长线趋势追踪里面，变化是最多的，同样是做长线趋势，会有很多不同的交易系统，会有很多不同的交易风格。有的人认为只有突破进场才是真正的趋势追踪，你怎么看？

我觉得都是一样的。我最早的时候也是做突破，后来我做回调入场，再后来回调突破都入场，但其实不管你怎么做，他们的核心内容只有一个，不要错过趋势，只不过突破是趋势上涨的必经之路。如果说只做突破，你是不会错过趋势的，因为趋势要上去必定突破，所以你是不会错过趋势的。但是你做回调一样可以抓住趋势，而且还能博到一个更好的价位。所以无论你是做回调也好，做突破也好，还是做什么也好，核心要义只有一个，不要错过趋势，仅此而已。

如果回调进场，根据你的定义，应该是在回调到趋势线这样一个支撑附近进场？

对，差不多。

如果它破了支撑呢？

止损。

但是没有破前低？

止损。如果它再回来，我会重新再进去，没有什么新的做法，就是被它折磨了一下。但如果说反反复复这样，我就要开始怀疑是不是市场进入到一个横盘整理的状态了，我可能会观望一阵子。

因为你做的是期货，你在书中也提到过说，期货市场长期来看是永恒的震荡市，在这样一个永恒的震荡市里面做趋势追踪，你是怎么考量的？

虽然说是永恒的震荡市，但是你把周期级别放到日线级别的话，还是有很多日线级别的趋势交易机会的，至少对于我这个持仓周期级别来讲，我所谓的横盘震荡的定义并不影响我的趋势交易，我并不需要那种持续好几年的大牛市才能挣钱，只要持续个半年的趋势，我也能挣钱。所以并不影响我这个周期。

你看的最大的周期是周线？

周线看不到，我看日线就足够了。

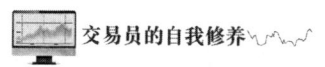

会看更小的级别吗？

有的时候加仓会看一下两小时的回调，在两小时级别出现一轮反向的回调，那么等两小时级别的回调结束以后，我会加仓，这是我开仓时看小级别周期需要的东西。

斯坦利·克罗①的交易风格也算是一种典型的趋势交易。他在书中描述的他的进场方式，应该说是极少在突破进场，大多数是采用回踩进场的方式，你是怎么看待他这种风格的？

我看过他的《克罗谈投资》，但是在我看过的大部分书中，我觉得这本书并不具备太多的价值，有很多关

---

① 斯坦利·克罗（Stanley Kroll），美国著名期货专家，1960年进入全球金融中心华尔街，在华尔街的33年之中，一直在期货市场上从事商品期货交易，积累了大量的经验。在20世纪70年代初的商品期货暴涨行情中，用1.8万美元获利100万美元。他最著名的一句话：只有时刻惦记着损失，利润才可以照顾好它自己！克罗的这种理念在执行中主要依靠技术方法。他的座右铭就是：KISS（Keep It Simple，Stupid）——追求简洁。著有《克罗谈投资策略》等书。

键的东西并没有写出来，尤其是对趋势交易者来说，最难处理的技术问题，他并没有谈到，比如说仓位管理，或者说怎么处理系统频繁错误的时候，或者市场行情不好做的时候，其实这些是最重要的。但是他的书里面，我只记得他不停地在说一些行情好做时候的例子，其实行情好做的例子并不需要你来举，好做的时候大家都好做，难的是不好做的时候你怎么去处理，但他书中谈到的比较少。所以我觉得这本书的价值不是很大。然后论交易年数或者说是从资金量来讲，斯坦利·克罗也不算是很顶尖的交易员，他的交易量和交易年数和真正成功者比还是差很远。

谈谈你在长线趋势追踪中是怎么做仓位和资金管理的。

在资金和仓位管理方面，波浪理论对我的影响是特别大的，我会用波浪理论去判断当前市场处于八浪或者五浪的哪一个阶段，尤其是在商品市场，它的行情从来不可能是笔直的一根线就这么走到头的，一定是类似三进五退这样的一种风格方式来来回回，在反复回调上涨中涨上去。所以我需要确认市场现在处于三进五退当中哪一个环里面，也不能严格地说它一定是走五浪三浪怎么样，也不一定，走得不是很严格，但至少我要知道在这么大一轮涨幅以后，它有没有相应比例的回调。

如果说我需要它的回调，比如说它涨了5000点，那回调1000点我觉得这是不对等的，回调和上涨是不对等的，不成比例的。那么这种回调我是不认可的，我认为它回调得不干净，或者说它还要再涨，或者说它不是回调，它没有回调，它还要再涨，所以我需要对回调有很苛刻的要求，它要在时间和幅度上都成比例。涨5000点，起码回调个2500点，回调个2800点，多一点的60%甚至都有可能，回调3000点都有可能；又比如上涨了8个月，回调的时间起码要有三个月。在时间和空间上都和前一轮上涨成相对应的幅度和比例，我才能认为这是对前一轮上涨的修复和回调，我才能确认当前市场是这么一个状态。

当看到有这么一个时间和空间都呈比例的回调，快要结束的时候，它跌不下去了或者涨不上去了，我进行加仓。也就是说我看到了回调出现以后，我才会再去加仓。如果说看不到这个回调，我就不会去把仓位最终地加上去。除非在特别极端的行情中，比如说2020年的这种极端行情，它不怎么回调，它还真的就是这么一根直线涨上去了，那种时候我会不等回调，只要上涨我就加仓，这是我唯一的例外，当趋势特别强烈的时候，不等回调。

在回调过程中，幅度时间都要考虑你才会进行加仓，而因为这个时候你已经有仓位，当它回调的幅度和时间都够的时候，可能大概率已经跌破你的趋势线支撑了，这个时候你原有仓位会离场吗？

不一定。因为趋势线它是要进行修正的，在道氏理论里面有说过，它分为主要趋势线和次要趋势线，比如说通常这根主要的趋势线是60度，60度的趋势线可能在一年以内不会被突破，不会被跌破，在60度的趋势线之上，它还会延伸出一条45度的趋势。然后再往上升15度的趋势线，也就是说这轮行情在经过一轮回调以后又会加速往上涨，它上涨的速度越来越快，或者下跌的速度越来越快。只有当这根主要的60度的趋势线或者45度的趋势线，这根长期的趋势线被突破了以后，我才能说趋势是彻底没了。

当然我止盈的时候不会去等到主要趋势线跌破再止盈，我可能在上面15度的趋势线被突破的时候止盈。至少在下面大的趋势线主要趋势线没有被突破的时候，我不会轻易地说趋势结束，以主要趋势线为主，而主要趋势线是需要一定的行情积累的，需要有个一年半载的行情先走出来了，我才能说能够画出来一个主要的趋势线。

止盈不是依据你的主要趋势线支撑被跌破？

不是。因为如果等到行情跌到主要趋势线以下的话，我的利润基本上都回吐得差不多了，而且我没有必要等到趋势确认没有了才止盈，我只要看到趋势已经走出来很猛烈的行情就行了，我只要确认我的头寸已经经历过行情最猛烈的阶段就行了，只要看到鱼身就行了，不用看到鱼翻肚子，那已经太晚了。

你在决定重点做一个趋势性行情之前，都会考虑哪些因素？

还是考虑时机问题，长期的时机。一个是市场状态，整个的市场状态，它是一个时机；还有一个是具体的入场时候，入场的点也是一个时机。一个大的时机点和一个小的时机点，大的时机点是我要确认市场是不是已经经历过了很长一段时间的盘整，在经过相当长一段时间的盘整以后，我才有理由相信它这次的突破可能是真的，因为它已经盘整了太久，不可能一直盘整下去，迟早有一天要突破。只有我见到了相当长时间的盘整，我才能说之后可能真的要突破要来趋势了。所以我在做相当重要的决定的时候，一定会去看这个品种是不是在低位盘整了很久，是不是很长时间没有出现趋势，这是一个重要的参考依据。

然后第二个就是，它什么时候会突破，它突破了点位我在哪里去找，是做回调还是做突破，如果它涨上去了以后，我怎么去加仓，加多少，最后可能说参考一下基本面是不是有配合。

你认为应该如何选择交易的品种？

实际上我觉得工业品类对于趋势交易者来说是最好的，至少以目前中国期货市场发展到现在的这些历史行情来看，我觉得工业品种像原油化工类的，铜等有色金属之类的，包括黑色系列，它们的趋势性不仅流畅，而且上下限的幅度非常大。

农产品我认为除了极个别的像棉花或者白糖某些品种适合做趋势交易，有一些不是很适合。因为总的来讲，农产品它不可能有很大幅度的上涨或者下跌，因为这是关系到民生的事情，如果你说玉米或者大豆价格高得离谱，老百姓民不聊生，国家也不可能不管不控，所以一些基础的日常生活产品，它不太可能涨得很离谱。这是我觉得某些农产品不太适合做趋势交易的原因。

工业品的话，像原油，原油如果碰到经济危机或者供给发生问题，它能涨得很高，或者铜可以涨得很高，这些东西并不会折腾到老百姓的生活，它只是资本的力量在推动，所以我个人觉得如果做趋势交易选择有色的、黑色的、化工的是最好的。

然后就是远离那些流动性不充足的品种，比如那些小品种，像胶合板这种没什么成交量的，成交量小一个是有流动性问题，还有一个就是用技术分析会出现问题，技术分析是一定要有一定的成交量，要有一定的群众基础，没有一定的成交量的话，技术分析会失效，在市场上去做分析没有用，大致是这样。

跟大家谈谈应该怎么做交易记录以及复盘。

短线的话，通过交易软件把自己的交易记录导出来，因为短线你可能记不住每一笔单子，日内可能做了很多。把每一笔单子导出来以后，对着今天的行情，一笔一笔地对，这个时间点我在干嘛，我为什么这个地方会做进去，做进去错了以后我是不是砍出来了，然后我止损今天是不是控制对了，止盈是不是差不多的等等。这是日内短线复盘，你要对着行情图分时图一笔一笔地对，然后对今天的行情做一个总结，今天行情走的是一个什么风格，昨天的行情走的是一个什么风格，明天行情有没有可能风格要变掉，或者说明天行情是不是还会继续延续。这个是做日内需要做的一些事情。然后可能今天的盈亏比要做一个统计，今天总体的盈亏比可能1:3，明天盈亏比可能也差不多这个幅度，也有可能明天要突破了，盈亏比会拉大，那明天止盈要放宽。每天都要做这些事情。

中长线的话，因为趋势交易笔数很少就不需要这样子了，至少我自己来讲，一年当中做了多少笔我能够数得清楚，有五十几笔交易就算了不起了，所以自己能够知道就行了。

趋势交易其实更多的不是逐笔对着去复盘，更多的是对现在市场行情的研判的一个纠正，可能就是说这一段时间内这半个月内，我一直觉得市场其实是有趋势的，结果半个月以后发现自己好像是错的，然后我对整个市场形势的研判要做一个修正，我觉得要再观望的话，市场可能没有趋势。

中长线的趋势交易者每天更多做的是对市场状态的研判、修正、更新。也不是说每天复盘，可能就一两个礼拜或者说三四天，我要重新去看一看，对行情我原本画了一根趋势线，现在下降了要再画一根趋势线，我要再看一看是不是方向看错了，然后我可能再看一看基本面，很多东西之前的判断可能是不对的，可能以后行情还会有另外一种发展方法，可能下跌，可能会往这样子走，这是趋势交易者复盘需要做的事情，大体是在市场行情的研判上，市场状态的研判上要下很多的功夫。

至于说我每天这笔单子是在突破口进的，还是回踩进的还是怎么样，这些都无所谓，这些没什么好复盘的，这些东西你只要是跟对了趋势就行，不管你哪个点位进，只要最后跟住了，跟到了趋势了就可以了，就没有什么好自责懊恼的，比如我为什么不早一点进，这些都无所谓。然后再后面就是说，如果加仓进去有盈利了，趋势流畅了，那么要开始盯着我加仓什么时候加，这个需要提前计划好，需要在行情还没回调或者还没怎么样的时候就想好，我什么时候加，加多少，如果同时跟了四五个品种都有趋势，我加哪个，哪个品种加得多一点，要看看基本面，看看过去历史的行情，一起来研判一下。这是趋势交易要做的一些工作。

你平时在交易中会把价格对新闻的反应列入考量吗？

这个反应对于我来讲一般都已经滞后了，但也会列入考虑的因素，我会想这个东西是短期的就这么搞一下，还是说它真的是又要出趋势了，我会去想一下，如果说只是短期的新闻，比如说突然之间在伊朗那里又打起来了，原油来了根阳线，我会想一想到底是要出趋势了，还是说仅仅只是短期的，这个我会去想。

比如你原本打算进场做多，这个时候刚好有个重要的利多新闻，但是价格的反应没有那么强烈而是挺慢的，这时你会犹豫吗？

我肯定不会进的。我觉得如果说一个品种它原本要出上涨趋势的话，任何一点微小的利好信息它都会吸引很多人涌进去，其实期货市场一个很重要的东西真的是预期。我在学校上课的时候，宏观经济学的老师包括金融学的，他说市场一个最重要的东西就是预期，其实放到其他东西上也都适用，就不一定要实质性的东西发生了改变，并不一定要供求真的发生了改变，只要大家都觉得要涨了，它就涨了。可能现实供给没有什么大的变化，但只要大家一致都认为涨，那么他们势必会做出反应，他们势必觉得买不到了，大家都开始囤，那供求关系就真的发生变化了。它不需要真的供求关系发生变化，只要人们的预期发生变化就行了。其实很多时候就只是一个预期的东西而已。

如果当市场有了好的消息，人们对这个好的消息居然没有预期，对这个好消息视而不见，那说明大家对这个市场是看淡的，可能大家都觉得要跌了，他们都已经无视这些好消息了。这就完蛋了，说明可能真的要反方向走了，那我可能要考虑做空了。

你是怎么看待技术分析里面一些经典形态的？

我有的时候是把经典形态和波浪理论结合起来的。一般来说整理形态都出现在回撤浪，在一浪、二浪、三浪、四浪、五浪中，第二浪和第四浪是回调浪，它是和主要的方向相反的，一般都是出现整理形态，整理形态不会出现在其他浪，只有回调的时候才会有整理形态。一般第二浪、第四浪都走了收敛三角形、旗形等。

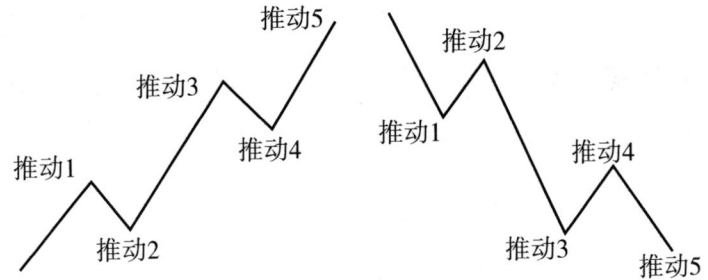

然后像是头肩顶、钻石形态常常会出现在行情的顶部末端，这种一般就是说一轮行情走上顶了，一个资产的价格被推高了，但是政府或者市场又不想让资产一下子掉下来。其实这个形态像是2017年的形态，2017年大

部分的商品都走了一个钻石形态，一下子涨到很高的位置，然后在很高的位置上宽幅的震荡，这么来回震荡，宽幅的震荡走了一个钻石形态，这种就是明显的资产价格推高以后又不想让它下来，如果下来可能又会对市场或者对生产企业造成伤害，所以就在顶部走了一个整理的形态，一般这种都很难做。

其他的形态其实有些很好识别。比较难的就是扩大形的喇叭形和钻石形态，这两个是最难操作的，也很难及时去辨别出来。因为像喇叭形和钻石形，它们都会出现新高和新低，这对于趋势交易者来说是很容易造成误判的一个情况。因为当它出现新高的时候，你可能觉得是不是突破了，结果它又出新低了，然后又出新高了，这就要看趋势交易者对趋势的定义，有一些对于它的定义是要出新高的，他认为又有新的趋势出现了，所以很容易对趋势误判。就这两类东西，如果是趋势交易者要很当心，要尽量避开。

在你进场之后，一般情况下会因为什么原因让你对你的持仓不再自信，有所怀疑？

我止损很重要的依据就是反方向的信号出现了，就比如说我现在要做多，然后我要等回调结束，那么我现在看下跌的趋势线，如果下跌的趋势线被突破了，那么我一定程度上认为下降趋势结束了，趋势又要上涨回升了，我进场做多，进场做多结果两三天以后又出现了下跌的信号，好像又可以做空了，好像它又要延续回调了，这个时候我会退出观望。或者说我进去以后，行情开始震荡整理，然后我突然发现如果现在平仓，我可以有一个更好的做多点位，我还能有上车的一个点位和机会，我也有可能会平仓。

我唯一不会平仓的理由是，当前既没有做空的信号，也不会再给我做多进场的机会，因为如果平了我再也进不去了，所以我不能平，而且也没有反向的做空信

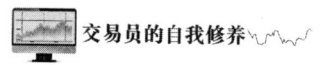

号出现，所以我也不会平。但如果说有做空的信号和重新上车的机会，这两个但凡有一个我就都有可能会平掉。

以你刚才说的次级回调中的下降趋势线被突破为例，你进场，几天之后它又回来了，这个时候你可能会平仓离场，但市场在次级回调中，有时候很高概率会形成一个小双底的形态，你进场的时候刚好是它的右边的一个小点，这个时候你也会离场，但是会再考虑进场时机？

大致上我不太会这么早，因为我对回调是有时间上的要求的，一般如果趋势线突破了，但是它在时间上还是太短，我可能也不会在趋势线突破以后马上就进。如果说趋势线突破了以后，它时间上确实是已经走得很充分了，那么我才会进。所以基本上我进场的时候已经过滤掉了很多可能导致我出错的行情，基本上不太可能会在头肩形态的刚开始那个顶点进去，一般都是在头肩形态末尾的那个地方，反复地试几下，可能会错，可能会对，但通过时间幅度成比例的这么一个规则，我一般可以屏蔽掉大部分整理形态的一些错误。

能不能再详细说一下你刚才谈到的通过时间和幅度来确认它的回调是否到位，突破是否有效？

一般来讲，如果幅度到位了，时间不到位，我都会认为它接下去会走一个横盘的整理形态，如果一下子跌了38%的幅度，可能下降趋势线被它突破了，突破了以后它下降趋势结束了，那么是不是马上趋势就会恢复呢？但是我一看时间不对，时间涨了8个月，回调才1个月，可能我就会觉得它接下去要走一个横盘的整理形态了，它可能在这里走个收敛三角形，走个横的箱型整理什么的，都有可能，这个时候我不会去涉足了，或者我原本空头做回调的仓位就平掉了，我就不会

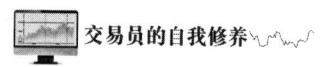 交易员的自我修养

去动了。

如果它回撤时间在，缓缓地跌，稀稀拉拉地跌，跌两天涨三天，持续了老半天，时间差不多了三个月了，但是幅度还是不够，幅度只跌了20%，我觉得很有可能它整理形态会突破，会往下突破，往下突破以后再有一个暴跌，然后再一下子拉起来。

只要这两个当中有一个不满足，我都会觉得这事情没完，我还要再看一下。

我们接着说刚才这两种情况，一种是幅度到了但时间没到，另一种是时间到了但幅度没到，可能一直在一个很窄幅的震荡。假如说第一种幅度到了，但时间没到，但它就是一直往上突破了，或者第二种情况一直在震荡，但它没有向下突破，接着向上创新高了。

那就是趋势没结束，它并没有满足对前一轮上涨趋势修复的时间。

第二部分　交易系统

加不加仓？

不加仓。这种就是很难做，我情愿错过。就是说它上涨趋势还没结束，只是当中缓一缓而已，缓一缓以后还要再上去。其实目前的螺纹钢、玻璃都是这个样子，我当时觉得涨了这么久，应该要有一个像样的回调了。结果后来做空以后，我记得是2月份后春节后做空了，空下去了一点，但是它慢慢又出新高了，那我就觉得它还没有到真正的趋势反转的时候，没有到趋势大回调的时候，还没有，它只是当中歇一歇，就相当于三浪走完走四浪，四浪一个回调以后，然后就是五浪了，差不多是这么一个情况。我自己的趋势交易当中，上涨趋势当中回调浪我是不做的，第二浪第四浪我是不做的，没有必要去做，风险收益不成正比。所以我只做一浪三浪五浪，然后大的下跌下来，a浪做，c浪做，b浪不做。

在你进场之后，除了触及你的止盈止损，或者说跌破心理支撑位的时候你会离场，还有什么情况下会离场？那时候你的持仓可能是盈利状态，也可能是亏损状态。

一般不太会有其他的原因。我离场一定是有原因的，止盈也一定是有原因的，一般不太会无缘无故地把仓位平掉。

即使发生了重大性的不利于你的仓位的方向？

我有的时候也会坚持。如果我认为这个形态没有被破坏掉，它虽然下跌的幅度很大，但是我认为它上涨趋势的形态没有被破坏掉，它上涨的结构还是存在的，我会坚持。有的时候扛一个跌停板，最多扛两个跌停板都有过，我会坚持地拿着，尤其原本已经有利润的情况下，我更加不会轻易地离场。

你怎么看待交易中的低谷期？尤其是已经稳定盈利的交易者遇到的那种低谷期。

我觉得每个人都会有的，至少我接触下来，不管是做炒单的、做趋势的、做套利的、做高频程序化的，他们都有低谷期，而且都不短。

我一个朋友那边的交易员有很多以前是做炒单的，做股指的，他们现在就很不好做，因为量化的已经来了，他们搞不过量化的，量化把炒单的空间都给挤压掉了，他们的利润和手续费都打不回来，没有办法弄了。炒单现在基本上很难做了，他们都要想办法转型。

程序化也有难做的时候，流动性有的时候会突然之间枯竭，有的时候市场非常不顺畅，你单子进去不停地撤，不停地在亏，可能整个市场一整年所有的品种都没流动性，它一整年都不好做，可能低谷期很长。

像趋势交易更是了，趋势交易不好做的时候三四年都不好做，很正常，你做不了什么事情，没有办法，要么你换到别的市场里面，换到股票市场，有的时候真是很长时间不好做。

然后像套利的，套利的话像去年就特别不好做。套利也有低谷期，很多人觉得套利很稳定，其实套利在我看来它的风险也不小。像去年的话，有些品种像动力煤我记得非常清楚，原本基差是30%，现货价格大概1000左右，期货价格是700多，30%的这种差距，如果说你套利，你觉得它基差会回归，那就会亏得很惨，因为结果它基差进一步扩大变成50%了，期货继续跌，期货动力煤跌到600多点，现货还是1100多点，基差进一步扩大，所以套利也有很不好做的时候。

不是说做套利就很稳了，包括套保其实也有不好做的时候。

所以每种策略都有它致命缺陷和致命弱点，都有它低谷期的时候，这种低谷期只有做策略的人自己知道怎么挨过去，怎么扛过去，怎么应对，只有你自己想周全的方法去应对它。

结合你曾谈到的市场的四种状态①，重点跟我们谈谈在趋势交易中，你是怎么应对的。

现在的话，平静的趋势我是肯定做的，正常的典型的趋势交易，我不仅做，而且要仓位放大了做，重仓去做。

遇到那种震荡的趋势，它总是创新高，但是创新高不多又跌下来，这种其实我现在是处于一种规避的状态，我不参与这种行情，这种行情对趋势交易者来说其实是一个很毁灭性的事情，因为它创新高了，你觉得有趋势了，你想进入，很容易就做多在顶点或者卖在底

---

① 柯蒂斯·费思在《海龟交易法则》中将市场状态分为四类：平静波动，剧烈波动，平静的趋势，波动的趋势。

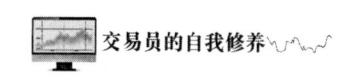

点，这种事情非常容易发生，所以震荡的趋势我尽量是不碰的，不去做。

宽幅的震荡行情，我现在在考虑可能会去参与，考虑说以波段的这种手法，不加仓，重仓直接进，止损极小，去尝试做一些典型的宽幅震荡的行情，因为其实宽幅震荡的行情是有规律可循的，只要上下限的边界能够找得出来，而且它走得非常工整，完全可以做，很简单高抛低吸。所以我现在就会尝试去把这类行情给做一做，这样的话就是说在没有平静的趋势的时候，还能有一些额外的收益，会稍微好一点。

另外一种走得不是很规整的震荡形态，它是这种波动性的震荡形态，可能也不参与。凡是剧烈波动的那种震荡或者剧烈的趋势，我可能都不会去参与，它不是特别有规律可言。看似好像是有趋势或者有盘整，但其实又不是走得很规整，就不太好弄。

如果说你正在参与一个有相对明确上下限的宽幅震荡的行情，基本上就是高处做空底处做多？这种在什么情况下你会转为做趋势？

宽幅震荡完以后又突破了，它离开了上下边界，而且在宽幅震荡这一段行情之前，它是有趋势的。这是一个背景，我看品种我会看这个"势"，打仗下围棋我们都会讲"势"，"势"这个东西其实就是过去历史的行情，过去历史已经造成的一些事情，比如说它这里整理横盘震荡了三四个月，但是它过去一整年都在上涨，它有一个上涨的大的趋势在，那我仍然会认为它突破整理以后会上涨，会延续这个"势"。

同时我会看基本面，比如说去年因为疫情关系，大部分央行都开始放水，要拯救市场经济，那么很多品种都开始上涨，跟宏观经济相关的铜就涨了，很多黑色系开始涨，工业的需求都开始上来了，那么这个就是去年的一个"势"，它是一个上涨的形势。然后到了今年三四月份开始盘整了，横盘了，我大概率相信横盘结束以后，它是会往上突破的，因为过去的这个"势"还在，因为疫情还没结束，疫情结束以后，经济大概率还是要恢复要向好的。因为美国拜登可能又会签署新的经济救助方案，可能又会有多少万亿的美元出来救市，所以行情还是有可能会往上涨，它这一轮可能还没完，它过去有这个"势"存在，我就仍然是看多的，包括配合基本面的消息还是会去做多的。

我们结合一个具体的案例来继续谈刚才说的这种情况，比如说最近的铁矿石应该近似于这种状态，它就是一个明显的趋势之后处于区间震荡。这种情况下，假设你正在做一个区间内的来回，当它往上突破的时候，你会毫不犹豫地进场做趋势吗？

目前铁矿石不太好判断，我可能不会去做。一个就是因为一些政策上的原因，现在交割月份铁矿石期货不允许个人持仓，被限手数了，其实它的流动性开始下去了，所以很多事情不太好判断。然后我也不太可能去参与宽幅震荡，一般窄幅震荡我可能会去参与一下，它不太会有那种突然之间很大的量和反向调控什么的，而宽幅震荡其实弄得不好还是有点伤的，而且它的方向性不是特别好判断，因为铁矿石的这种上去以后又下来，它不是下来一点点，它下来50%，就直接把这个趋势的结构给毁掉了，你就看不出这个趋势的形态了，成了没有趋势的样子，给你拉上去拉到很高，然后又给你拉下来，就这种。而且像现在还没走多久，有可能后面走成一个钻石的形态，大幅震荡两下以后，幅度又变小了，所以我不太可能会去做。

在你会选择做的震荡行情里，它已经形成区间突破，我们可以进场了，你是会第一时间进场，还是会再等待确认？

震荡肯定是第一时间去进场，如果说我现在要做横盘震荡了，当然现在机会已经过掉了，之前的话，其实原油是一个，它在很小的幅度里面，在那里震，还有一个是铜，铜也在一个很小的幅度里震，其实都是看得清楚的。看清楚之后你在差不多某个位置进去某个位置出来，因为它这个幅度本身就已经很小了，你要再等左侧右侧，等它确认，那都已经走得差不多了，一半都走掉了，所以肯定是提早进去，哪怕说早一点进去还没有发动也没事。只要做这种窄幅震荡的行情，波段的行情，一定是对进场的点位有很高的要求的。

趋势交易对进场点位的要求不高，只要能够跟住就行，哪怕错过一段也没关系。但是对于小波段的行情来讲，它对进场点位的要求是很高的，你进晚了行情都差不多了，然后一个调头你利润全都没有了，甚至还亏损，原本盈亏比的空间就不高你还这样做，那肯定不行，一定是你感觉要跌了马上就进去做空，然后三五分钟之内不跌，止损，感觉对了再进，如果跌下去了，好，一直拿着。

你在趋势交易中会考虑现货吗？

会看基差。

它在你整个的趋势交易系统里面是作为一种补充的地位？

对，更多的是一种补充的地位。如果我三四个品种都出现趋势的信号了，那么哪个品种仓位稍微多一点，哪个品种先进，这时我就会看看基差了。然后我一看比如说橡胶期货比现货低好多，那我会觉得它有一定的安全性，有一定的安全保障安全缓冲区在里面，因为它至少还有一个基差修复的空间存在。如果说这个品种虽然有信号了，但是它跟现货相比涨得很高，我甚至可能会怀疑这个信号是不是个假信号，是不是个假突破，所以现货是一个有补充地位的东西。或者说涨得太高了，我要止盈了，我哪个先止盈，止掉多少，先走30%还是20%，我会看基差是不是扩大太大了，如果它已经达到60%的基差幅度，我可能走得多一点，就不留太多了，大部分一平就50%、60%仓位都止盈了。

很多交易员会把市场价格的情绪列入考量，你平时会考虑市场价格的情绪吗？

我不太会在单个品种上考量市场情绪，单个品种上我更多看的还是市场的结构，尽量不会去想情不情绪这些事情，我想的更多的是市场的结构有没有到位，基本面供求关系有没有什么。

但是在宏观的层面上，我会去感受一下市场的情绪，宏观层面上的市场情绪更容易感觉得到。比如说公募基金发售一抢而空，国家出台新的什么政策，怎么防止融资过量，或者身边的大爷大妈都来跟你讨论某某个股做得怎么样了，身边的人都开始关心起来，就是宏观的整个的对这一块市场的情绪我会去考量。比如像去年一年大家都在讨论，2020年是大宗商品的牛年，大宗商品元年，高盛美林都发报告说2020年是超级大宗商品牛年，就这种宏观的市场情绪我会去看，那说明今年确实是有大行情，尤其是商品市场，它不仅仅受自身的供求关系影响，还受国家宏观政策调控的影响，如果说央行决定很大量地放水，货币政策很宽松，那么它会走一个宏观层面的牛市，即使它自身供需没有什么变化。这个时候我就会关注整体的市场状况，往往整体的宏观的市场情绪好的时候，大部分的商品品种都会上涨，这个时候你就不要去考虑它自身的供求关系了，你要考虑的是整个市场宏观的情绪怎么样，然后这个时候大部分的商品都会出现联动性，化工也涨，黑色也涨，有色也涨，

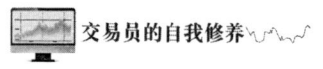

大家都涨，你只要闭着眼睛做多就行了。

然后当宏观情绪结束的时候，宏观政策没有发力的时候，这个时候又要回归单个品种的供需关系，商品走势开始出现分化了，可能原油上去了，有色下来了，或者黑色的开始横盘震荡。

假如你同时关注几个品种，它们相关度极高，比如以有色为例，或者说是黑色系，根据你的结构，根据你对趋势的判断，你觉得是一个多头行情，你要进去做多，这个时候你会选择走势最强劲的，还是会选择你最熟悉的？

我可能都会进一点，比如说焦炭焦煤，我觉得我不是很能把握得住。但是如果我看下来这个品种的技术形态更好一些，比如说焦炭它经过了一轮整理，走了一个收敛三角形，然后出现了一个往上突破的形态，那么我会更青睐于在焦炭上仓位多一点，而焦煤如果说它没有走过整理形态，它就硬生生地被拉了上去，我可能焦煤的仓位更加少一些。我会根据技术形态结构，包括基本面、消息面、基差去判断我的仓位大小，但是我两个都会进，只是某一个好一些的进得更多一点。

因为有的时候产业之间会有轮动的这样一个情况，焦炭焦煤之间的利润会重新分配，我也不确定它什么时候会重新分配，所以我两个都进一点。可能焦炭一开始走得很顺，走着走着焦炭涨幅变慢了，然后焦煤开始发力了，都有可能，所以两个都会进，只是进的手数多少不一样。

刚才以焦炭和焦煤为例，在这种相关性高的品种中，你不太确定到底是强者恒强还是会轮动？

对，因为大部分情况都会轮动的，根据技术形态，根据基差，根据它过去的走势，我会有侧重，有的多一

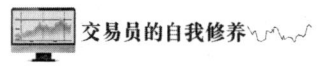

点有的少一点。

在你的书《交易的逻辑与艺术》里面，你提到了很重要的一个概念，让交易者把注意力从预测市场转移到判断市场目前的状态以及与自己的交易系统是否契合上。能不能再详细地跟我们谈谈，你在具体的交易中怎么运用这点的。

其实它还是带有一定的预测性的，因为我肯定是期待当前的市场状态会延续下去，也就是说我判断当前是一个趋势的市场状态，我现在入场，我一定是希望它之后还会接着走趋势，我预期市场状态会延续，它还是带有一定的预测性预见性的，只有市场状态延续了，我才能继续获利。

但现实情况是，比如说2017年市场状态它就不延续了，它就是趋势走一半，让你觉得好像可以确认当前市场是趋势行情的,结果它走到一半变成震荡了,震荡走到一半,你以为当前市场状态得到确认了,是震荡的,结果它又变成趋势了。所以它其实并不是一个很确定的事情,它仍然是带有一定的预测性和概率性的,它也有可能是市场状态反复地在那里快速切换,不具备可持续性,也不延续。

所以对于整体市场判断的预测,对我来说仍然是一个概率性的事件,只是说有很大的概率市场接下去会继续地走,延续当前的市场状态,可能会继续出现趋势,但这仍然是一个概率性的问题,也有可能我整体的判断就是错误的,市场现在不是趋势。比如说我觉得2021年下半年,大宗商品市场大概率会继续上涨,因为疫情结束以后,整体的宏观经济还是要恢复,市场会继续上涨,但也有可能我的判断是错误的,也有可能虽然过去2020年有大牛市,它这个趋势可能会延续下去,但也有可能它不延续了,有可能2021年下半年市场的恢复不及我们想的那么好，可能2020年的高点就是一个阶段性的高点了，可能2021年下半年就跌下去了，然后一直横盘震荡了，也有可能的。

索罗斯讲到反身性理论的时候，就是说任何事情都有可能是错的，他自己的很多观点也有可能都是错，市场很多时候也都是错的，没有一个确定性的东西，你摸不到确定性的真理的那一块，你永远可能是会把自己过去的东西给推翻了，永远是在不停地推翻自己犯的错误，在这个过程你慢慢接近到了真相，慢慢靠近了对的那一块，永远都是这样子。

我对2021年的判断我发现我错了，然后我改变思路可能2020年就是一个高点了，然后我以这个思路再去交易，然后发现我又错了，2020年也不是高点，2021年也不会创出新的低点，它其实可能会走一个横向的宽幅震荡。然后我再错了，这两次以后我最终得出了一个正确的结论。

其实永远都是这样，你在反复地推翻自己对市场的认知，然后修改自己对市场的意见，这样反复错了两次三次以后，你终于最后摸到了市场正确的方向。一直都是这样子，至少我自己在市场宏观的状态判断上是很后知后觉的，都是错了一两次以后才发现原来现在是趋势的状态了，原来趋势的状态已经结束了，都是很后知后觉的。至少目前我还没有想出一个很好的办法，能够先见性地知道接下去市场一定是走一个什么状态，只能说知道一个大范围，只能说知道2020年趋势交易好做，2021年趋势交易不会特别好做，2020年套利不好做，2021年套利一定好做。但是具体是几月份开始，哪一天，什么时候行情发动，这个我不知道，在具体的时间节点上，我是很后知后觉的，错了好几次才反应过来。

在你目前的交易中，还有没有经常会出现的困惑？

目前来讲不是特别多，大体的框架上没有什么太大的问题了。我现在想解决的一个问题是我对现货了解得不够多，我没有什么太多的现货背景，我希望能更深入到实体企业去，对产业能有更多的了解，实体产业具体的运行究竟是以什么方式，了解之后能让我加深对产业方面消息的解读，我希望在消息上看得更透，通过这个消息能够看到一些本质上的东西，能够更快地了解到这个消息是重要还是不重要，它重要到什么程度，会造成什么影响。我现在还做不到这个程度，看了以后可能还需要分析师来帮我解读一下，所以我认为这方面还是比较欠缺的。

但在整体的交易框架上，我认为没有什么太大的问题，我交易的框架可能只需要做一些补充或者小的修正，大体的框架已经完善了。宏观政策上的解读我可能还要多研究研究，像一个新的政策出来了，这样的情况会影响多久，这个政策消息有多重要等。然后对于商品市场整体的运行的行情规律，可能还需要再经历一些时间，因为现在只有20多年，我不敢说我对这个市场的认知，我的世界观已经是完整完善了，我不敢这么说，随着科技的发展，市场的发展，可能今后20年又会出现我从来想象不到的行情，我从来都没有见过的那种难做的行情，所以我不敢说我的世界观已经完整了，只能说我还没遇到，可能今后会碰到这种行情，或者说今后会碰到超级好做的行情，这些都不好说。

主要就是这几块，对政策消息上的解读要去加深，宏观消息面上的解读要去加深，还有一个是经验上可能还需要再继续完善，需要有更多的时间去完善这些东西。

除了一直想深入了解的现货上，你现在还想跟什么样的交易者交流？

可能一个是做短线的，做日内短线，我还是挺想知道他们是怎么保持这么好的专注力的，怎么坚持日内那些铁一样的规则，他们对日内方向形势的判断是怎么做的。我可能对这方面还挺感兴趣的,虽然对我自己的补充或者帮助不是特别大,但我特别想知道他们是怎么样的。其实我对于趋势交易系统的补充和完善,有的时候是通过对日内短线交易者的对比而想出来的,有的时候趋势交易的一些东西是通过观察其他不同的交易者而做出的,而想到的。尤其是做短线的,因为它和趋势交易完全不一样,他们两个是截然相反的道路,一个走高盈亏比,一个走高胜率,所以我看着他的时候会想到我自己的特点是什么,相对于他我的特点在哪里,我的弱项在哪里,我从他身上看到我要补足的东西,看到我强势的东西。所以我还是挺希望能够跟做日内的做短线的多交流。

然后还有一个就是做更大层面上的,类似于像雷·达里奥这种人,他是做资产配置的,他比我们看的眼光还要再大一层面。他们是跨市场、跨品种、全球性的这种资产性的配置,不是说仅仅挑选某一个品种某一只股票,他是觉得今年要多配置商品市场,明年多配置债券，后年多配置股票，他们的那种格局眼界跟我们又是不一样的，更宏观了，眼界格局更大了。跟他们交流，我觉得对我以后的发展会有更大的帮助，可能目前我用不到，但对我以后可能会有更大的帮助。想交流的主要就是这两类人。

第三部分

交易与生活

运动和饮食这两块要特别注重。如果你身体素质不好,你的情绪状态也会不好,你在交易中可能会忍不住,一些明明能够忍住的东西你会想要爆发出来。如果你是一个爱吃重油重辣高热量的人,荤的吃得特别多,你的贪念或者恐惧的念头可能会比一般人更强烈。

这些东西会影响我对行情的操作。如果说情绪很冲动很易怒,有时会想也不想就冲进去开仓;或者原本应该多等一等,却感觉有点怕了,过早做出平仓的决定。

第三部分　交易与生活

你现在每天花在交易上的时间一般有多久?

目前不多,去年的话还挺多的,去年基本上只要开盘我就在盘前看着,去年都在满仓运行,还浮盈加仓,我天天要看着,当然夜盘结束了就不看了。然后有的时候期货公司还打电话叫我强平什么的,因为那个时候可能满仓上去了,还有一点浮亏,然后就亏损欠钱了,有的时候可能会关注一下我是不是浮亏太多了,是不是要平掉一点。

做长线趋势交易为什么还要日内持续盯盘?

因为我那个时候是满仓,满仓浮盈,仓位很重,所以可能一个回调我所有的利润都被打回去了,可能还打

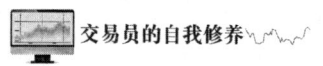

成亏损了。如果不是重仓，我是不会看的。

在这种重仓浮盈的状态下，你关注日内肯定是想规避突如其来的风险，这种情况下，你的出场方式应该就和你轻仓长线趋势的出场方式不一样了？

对，如果说我是满仓浮盈加仓的这种，我不会等到有明确的跌破趋势线的信号，哪怕是斜度很高的那种15度的趋势线信号，我都不等它被跌破，我就看着情况走一部分了。然后我会马上把这部分仓位转移到其他的品种上去，转移到其他可能要发动趋势的品种上去。

这个时候的离场还是会根据日线？

还是根据日线，但是日内的线我会看得更多一些。其实那个时候我记得焦炭还是焦煤，反正走得就挺早的，没怎么看，基本上一平看着快要到顶部了，我直接50%、90%的仓位就平掉了，下面就留个几手放着不动。

收盘之后还会自己花一定的时间复盘？

去年好像没有，去年新闻看得更多一些。今年可能就复盘复得稍微多一些，如果说我对行情宏观形势研判得没错的话，我基本上不会怎么复盘，但是如果研判老是错误的、不确定，我可能复盘复得会频繁了。

你现在能很好地平衡你的交易和生活吗？尤其是现在你还作为学生。

还行，但有一阵子感觉时间不太够用，因为我们每天看新闻、看分析、看报告、看盘，4个小时时间大概是确定的。我每天还会保持一定的运动量，就是健身，包括我腰背肌的那些锻炼,这些又会侵占掉一定时间,我运动的话一天静态的拉伸或者走步两个小时还是保证的。那基本上6个小时就扣掉了,吃饭睡觉洗澡的时间再加上去,又有2个小时扣掉,基本上10个小时是留给学习的,我还想考个证什么的,那学习时间就更不多了,还是挺紧的。

也会大量地看其他分析师的调研报告?

会看。早年刚在期货公司的时候,我还有时间去看书,像《股票大作手回忆录》,有的时候还会看看像《自私的基因》,我挺喜欢看基因和生物学方面的,医学方面、物理学方面的我也很感兴趣,还有宏观的宇宙学方面的,政治方面的我也会看。现在就没有时间看这些东西了,看得很少了,现在都是赶着去看重要的新闻,看重要的报告,时间花在怎么能够赚到钱上,对于新的其他东西的探索就更少了。很久没有静下心来把一本书从头到尾地看完了,现在很少这样子了,时间不够。

作为一名长线趋势交易,而且是以技术为主的,但是你每天花大量的时间在新闻和基本面上,你看这些的目的是什么?

一个是如果说有趋势,我要确认基本面是不是有东西在配合它。第二个是我要知道哪个品种可能会成为领头羊,第一轮趋势上来,不可能所有品种都涨停了,肯定有一两个品种是作为领头羊的,可能是有色板块先出来,也有可能是黑色板块,我要知道第一笔我要配置在哪个行业上,第一笔配置对了,我就能赢得更多的资金,然后在第二轮其他轮动的时候,我能有更多的资金去做多。所以第一轮节奏踩对了,你就能赢很多钱,然后把赢的更多的钱配置在第二轮的上涨上,这是我去年的操作模式,就是这样子。我第一轮铁矿配置对了，我就赢很多钱，然后我还能把赢的钱全部配置在铝和铜上，然后还能再配置到白银上，然后又有更多的钱配置到焦炭焦煤上，你节奏踩对的话就能配置更多。

但是这个东西在技术面上看不出来，技术面上都是一样的突破信号，都是一样的信号突破出来，但是你不知道哪个会走得更多，这个还是要看看基本面的。然后看基本面还是为了保持市场的敏感度，一直不看你对新闻的解读能力会下降，这个市场现在宏观的经济周期运行到哪一个层面，国家的政策的态度是怎么样，你一直不看你就会不了解，就脱轨了。所以我要去保持市场的敏感度，我不能和当前的市场的经济运行状况或是国家政策脱轨，我至少要能够讲得出来过去20年发生了哪些大的事件，国家制定了哪些新的经济政策，宏观的基本面事件我要能够复盘出来，尤其是重要的事情能够讲得出来，这一点还是挺重要的。

你平时会通过什么方式来放松自己?

盘中的话可能我会看看电影看看动漫,因为我不是做日内的,其实不需要每分每秒都盯着,但有的时候比如我一笔新的仓位进去了,它很磨人,它走得不明确,它不往上突破也不向下突破,它在那里横盘震,但是时间还没到,很磨人,它可能会一下子变得对你很不利,然后一下子又拉上来。这种时候受它影响其实我的情绪会很焦虑焦灼,所以我会选择去看看电影,玩玩游戏,或者说做一些锻炼,尽量让自己的情绪不受到这种不利的影响。但不是说我彻底不关心这个行情,我电影看一会还是会切回来,再看一看这个行情走得怎么样,只是说我不想被它日内的短线波动牵着鼻子走。

有没有哪些你觉得特别适合交易者的生活习惯?

健身,我觉得运动是最好的,因为运动其实很培养你的毅力，而且运动也是一个习惯性的东西，运动时间久了你会养成一种习惯，我一天不跑步我不舒服，就会是这样，或者我一天不出去游泳，我一天不撸铁我就会难受，会形成一种习惯的力量，你会从一个不想动的人变成一个很想要动的人。你的身体状态上也会有一个更好的调整，你的精力可能更充沛了，你的情绪可能会更稳定了，当一个人身体健康的时候，他的情绪会更稳定。

然后在饮食上我觉得也要有所调整。如果你是一个爱吃重油重辣高热量的人，荤的吃得特别多，你的贪念或者恐惧的念头可能会比一般人更强烈，这种念头就是因为吃的肉多了，里面有雄性或雌性激素，它会刺激你分泌某些物质，使生理的欲望变得更加强烈，七情六欲得到加强。如果说你吃的比较佛系一点，以鱼肉、鸭肉这种白肉为主，以海鲜为主，蔬菜水果为主，那你的这种冲动劲儿可能会少一些，你的七情六欲会稍微平淡一些，生理欲望会少一些。

所以我现在其实对饮食和健身这两块特别注重，每天都要保持健身，因为如果你身体素质不好，你的情绪状态也会不好，你可能会忍不住，一些明明能够忍住的东西你会想要爆发出来。如果长时间不锻炼，一直吃高热高辣的东西，我这个人很容易上火，脾气会很暴躁，容易跟人吵起来，一点点小事就容易发怒。如果我饮食控制得很好，睡眠很好，运动很正常，我就不太会这样，我会变得不会跟人计较什么，很佛系。

所以这些东西也会影响我对行情的操作，如果说很冲动很易怒，我看着这个行情感觉要跌了，我马上想也不想就冲进去了，仓位就开起来了，或者我原本应该多等一等的，感觉有点怕了，马上就平掉了，会很容易做冲动的决定。所以运动和饮食还挺重要，要管理好。

你觉得全职和兼职，哪一个更适合从事交易这样一个职业？

我觉得初期的话还是兼职。初期开始如果家底也不是很厚的话，还是兼职比较好，至今我仍然认为我两年的模拟盘决定是对的，我觉得这是我比起其他人最大的一个受益点。两年的模拟盘让我大部分的亏损和错误都在里面犯过了，同时对我的生活和职业生涯造成的影响不大，我觉得这是非常好的一个情况。所以我觉得还是兼职比较好，不会对你的生活造成重大的影响，只是给了你一个新的选择而已，并不是把你生活的路给堵死了。如果你一上来就全职，它会使你和社会其他的工作脱节，可能做了两三年全职以后再去换别的工作，你换不了了，你做不了别的事情了，你只会做这个了。如果说市场又不好做，你又没赚到什么钱，可能你整个人就会废掉，所以一开始真的是兼职会比较好。如果你赚到钱了，家里还不错，负担也小，你系统也已经完善了，

第三部分 交易与生活

那么可能再考虑要做全职，一开始还是做兼职。

你在交易中赚到的钱会取出一部分进行其他投资或者消费吗？

基本上不会做其他的投资了，但还是会消费，吃喝穿住的日常生活肯定会取一部分出来，但至少不会影响到趋势交易的策略表达，取得还是挺有限的。因为趋势交易不像日内，日内盈利了当天出当天花，无所谓，不影响，盈利了就拿出来，就是我永远只用50万做也可以的。但是趋势交易不行，趋势交易盈利了以后，你50万赢到100万，你100万还是要放着，最好是100万放着，然后可以把品种铺得更开，当有趋势的时候可以动用更大的头寸。

趋势交易的特点就是说它的容量是没有上限的，你1000万、5000万甚至到1亿，都可以用趋势交易手法去做，而且还可以做得越来越大，这是趋势交易的优点之一。所以我自己作为趋势交易者来讲，我出金不会很多，出金很少，当然也会稍微用一点，但做日内的就不一样，日内的当天赚钱就可以当天花。

现在除了交易之外，生活中你还有哪些兴趣？

我其实对写作是很感兴趣的。我有的时候思想理念如泉涌一般，尤其是在深夜晚上的时候，想法特别多，而且想得很深，既深又会有发散性的那种东西，我会把这个问题想得很深很透彻，然后还会联想到和宇宙的关系，和世界的关系，就是典型的男性的这种思维。然后又会去想想逻辑学的东西，想到前人好像说过这句话，我会去翻他的著作，看他对这个事件的看法是什么样子。在华尔街见闻工作过以后，我曾经想过如果将来做不了一名交易员或者期货行业走得不是很深，我可能会往新闻媒体，或者出版社，或者作家，或者说编剧这方面走。写作至少是我目前人生中对自己的一个价值的挖掘，就是在写作和交易这两件事上，我异于常人，我有一些常人没有的特点，所以在这两件事情上我会坚持下去。

其他兴趣，再有可能是音乐，我其实挺想学一门乐器的，钢琴或者吉他贝斯，但是一直没有时间去练，实在没有时间去练。我想过，如果今后有一天交易做到财富自由了，我可能会去往演艺往音乐方面去发展，可能会去作曲，去编曲，或者是写一些自己的歌什么的。

还有一个可能就是做游戏，因为我自己还挺喜欢玩电脑游戏的。以前魔兽世界、CS什么的都是小时候一直玩过来的，对游戏我其实有自己的看法。我觉得有一些游戏其实真的很经典很好，但有一些游戏就很烂，所以以后如果交易做得好，财富达到一定量，我也会想要自己去写游戏，创作一款游戏。

影视也很喜欢，有一些很好的题材，我有的时候看着这个电影就会觉得这么好的题材怎么被他拍成这个样子，怎么拍得这么烂，我有的时候会想这电影如果让我自己来拍我会怎么拍。除了目前我挖掘到的可以做写作和交易之外，其他兴趣点就是写游戏，写音乐，然后影视，这几块也会很感兴趣。

如果说将来你赚到了心中的目标数字，会离开这个市场吗？

我觉得会的。至少对于我个人而言，这个世界上有意思、美好的东西太多了，如果在期货这条路上已经获得成就的话，我一定会转而去做其他更有意义的更好的事情。尤其是当财富已经赚到一定程度的时候，这个时候再赚更多的财富一点意义都没有了。当我的生活、车子、房子或者我的消费都已经无所谓的时候，都已经拥有的时候，赚取更多的财富对我个人的成就感和幸福感，它的增长是0，甚至可能是负的，会变成一种负担了。所以我更希望在达到这个目标以后，我能够去做别的事情，因为它不会给我带来更多的成就感，或者带来更多的幸福感，不会了。

那如果在没有实现这个目标之前，会有什么因素促使你离开这个市场？

可能就是觉得我不合适，我不是这块料。

你目前对自己的判断是很适合做这个的。

对，除非说某一天我觉得我不是这块料，或者说我觉得我的潜力潜能就到此为止了，我没有更多的成长空间了，我一个小兵可以成长到上校，但我仅限于此了，我不会为将为帅，那时候我可能会有放弃的念头吧，我觉得我做不到最好的那一块，我可能就这样了，那就赚一点钱，然后早点离开，趁年轻的时候把时间精力放在别的身上。但只要我觉得在我的努力之下，我还是在进步的，我还是一年比一年有新的认识，我的交易一年比一年做得更好，我对市场的理解更深刻，我和别人的差距拉得越来越大，只要还有这种感觉在，我还是会做下去。

如果你从来没有接触交易，你觉得你这辈子最可能会从事什么样的职业？

我是一个争强好胜的人，不允许自己平庸。我从小的观点就是，世界在前进，你不前进就是后退。世界总是在发生各种重大的变革，比如说疫情，它就是一个系统性的风险，你如果不强就会被这种系统性风险给排除掉，无论是经济上还是肉体上，你都会被消灭。所以我从小的理念，一定要变强，一定要变得更厉害，一定要胜过别人，每一年都要在进步，每一年都要在前进的道路上。还有一个我有创造性发散性的思维，所以我大概会从事竞技类的或者是创造性的工作，我以前想过去做一个职业的电竞选手,我很喜欢这种跟人博弈的感觉。

我大概是12岁开始学围棋,下到18岁下到两段就结束了,所以围棋也算还行,虽然现在不在兴趣点上,但是围棋这种双方的博弈我也很喜欢,我喜欢和人斗,喜欢争强好胜地去跟他博弈,所以不做交易我大概率会往这方面走。如果是在战争时期,我觉得我会去当兵,可能会去做一个将领,去指挥部队,去跟敌人斗争,胜利了会很有成就感。我很喜欢这种刺激的博弈,甚至有的时候是很惊险的,如果这种情况下能够反败为胜,我会很有成就感。

延伸阅读

中国顶级交易员访谈实录，为您解答交易中最重要的问题单

➡ 《交易员的自我修养（徐华康）》　　➡ 《交易员的自我修养（杨楠）》

* 专业投资人做正确的行动，而业余投资人不断犯下错误，而且他们并不知道错在哪里。

* "中国顶级交易员访谈丛书"致力于通过十数年时间，遍访交易高手，汇集成交易经验的饕餮盛宴，以飨读者。访谈对象不以名气论英雄，而看重真材实料。其中有神秘莫测的做市商，有大型金融公司的操盘手，有业绩显赫的私募老总，有名不见经传的民间高手，有独辟蹊径的交易怪才……读者可以在对比阅读中各取所需，提取适合自己性格和经历的交易干货，站在巨人的肩膀上，尽快走向稳定盈利之路。

* 你不用犯下所有的错就可以真正学到正确的交易理念，这些正是这套丛书所要传达的。能够吸取那些最棒的前辈已经用实践证明的洞见，绝对是到达成功交易的最短路径。

延伸阅读

媲美《富爸爸穷爸爸》,教你如何提前退休

➡《财富自由之路:ETF定投的七堂进阶课》

作者:徐华康

*这本书适合那些愿意用二十年时间轻松简单地实现财务自由的人,而不是那些希望在三五年内快速实现财务自由的人

*什么东西一定会上涨?这么多年来,从股票到衍生品,除了纯粹的套利交易确定性较高外,只有指数在过去十几年来是一直向上的

*投资保守的失恋青年小刘,投资激进的过气女主播静静,神秘的客栈老板老徐,因缘际会相遇在大理,三个人,七堂课,在旅行的故事中走向属于自己的财富自由之路

国内第一本小说体期权交易实战指南

➡《我当交易员的日子:期权波动率交易核心策略与技巧》

作者:徐华康、王美超

*国内罕见的"小说体"期权交易实战指南

*浓缩两位操盘无数的期权"老鬼"的期权波动率交易经验,说透期权波动率交易的核心策略与技巧

*经验丰富的一线期权交易员在期权波动率交易中的所思、所想、所感、所悟,真实再现中国股票期权市场诞生以来的机会与风险

延伸阅读

比《华尔街幽灵》更真实，比《海龟交易法则》更有效

➡ 《交易的真相》

作者：极地之鹰

*毫不吝啬地和盘托出在交易之路上的经验和教训，层层递进地指出交易历程中存在的误区，一层层地剥掉投资领域里随处可见的"皇帝的新衣"，让"交易的真相"水落石出

*9年交易经验的交易员作者在书中完整公开了自己价值千金的交易系统，并经过历时半年的实验证明其有效性

*言简意赅，不啰嗦、不堆砌，通篇干货，思人所不能思，写人所不敢写

知乎作者赛博格Cyborg对交易系统框架、原理及构建的完美阐释

➡ 《交易的逻辑与艺术》

作者：陈侃迪

*作者将自己近年来在交易之路上的经验总结毫不吝啬地与读者分享，书中关于交易系统的四种情形和临界点、交易中不可能三角的描述分析，是国内难得的关于交易系统底层逻辑的原创思考

*只要在市场交易，你的交易系统就和市场状况、基本假设及仓位资金管理脱离不了关系，本书给了我们交易人最深刻的心灵深处的问题的解答

延伸阅读

"龙头战法"体系大厦的"四梁八柱"尽在此书

➡ 《情绪流龙头战法》

作者：杨 楠

*本书是关于龙头战法最为系统的书籍，虽然主要讲述的是龙头战法，但其中阐述的原理、思想以及相关知识，完全适用其他一切盈利模式。本书主要有三大部分，分别是《股市之我见》《情绪流龙头战法》和《股市天经》，涵盖了学习龙头战法绕不过去的"道"和"术"，是一本系统揭示龙头战法交易精髓的教材式书籍。

*股票大作手杰西·利弗莫尔："追随领头羊，集中精力研究当日行情里表现突出的那些股票。如果你不能从龙头股上赢得利润，那么你就不能从整个市场赢得利润。"

全球正在流行的专业金融交易系统

➡ 《一目均衡表》

作者：黄怡中

*全世界技术分析的鼻祖，备受欧美专业操盘人推荐，让你一眼看清趋势。

*以逻辑化、系统化视野，见人所未见，知人所未知，及时感知价格波动的平衡破坏与趋势性。

延伸阅读

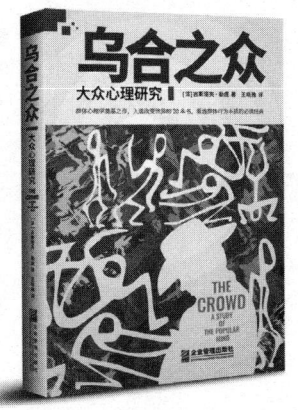

➡ 《乌合之众：大众心理研究》

"《乌合之众》是一本可怕的书，他将社会大众的心理阴暗面毫不掩饰地暴露在阳光之下，别有用心的人甚至可以利用群体的种种心理弱点作为其权力与财富的抓手。"

——"金融大鳄"索罗斯

➡ 《大癫狂：非同寻常的大众幻想与群众性癫狂》

"数学不能控制金融市场，而心理因素才是控制市场的关键。更确切地说，只有掌握住群众的本能才能控制市场，即必须了解群众将在何时以何种方式聚在某一种股票货币或商品周围，投资者才有成功的可能。"

——"金融大鳄"索罗斯

"只要如此愚蠢的行为能够继续存在下去，那么一个真正理性的投资者始终有望利用大众的疯狂为自己谋利。具有常识的个体很容易觉察到集体的疯狂，个体将会借此获取巨额的利润。"

——查尔斯·麦基

购 书 请 微 信 扫 描 封 底 二 维 码